VORWORT

Die Sammlung "Alles wird gut!" von T&P Books ist für Menschen, die für Tourismus und Geschäftsreisen ins Ausland reisen. Die Sprachführer beinhalten, was am wichtigsten ist - die Grundlagen für eine grundlegende Kommunikation. Dies ist eine unverzichtbare Reihe von Sätzen um zu "überleben", während Sie im Ausland sind.

Dieser Sprachführer wird Ihnen in den meisten Fällen helfen, in denen Sie etwas fragen müssen, Richtungsangaben benötigen, wissen wollen wie viel etwas kostet usw. Es kann auch schwierige Kommunikationssituationen lösen, bei denen Gesten einfach nicht hilfreich sind.

Dieses Buch beinhaltet viele Sätze, die nach den wichtigsten Themen gruppiert wurden. Die Ausgabe enthält auch einen kleinen Wortschatz, der etwa 3.000 der am häufigsten verwendeten Wörter enthält. Ein weiterer Abschnitt des Sprachführers bietet ein gastronomisches Wörterbuch, das Ihnen helfen könnte, Essen in einem Restaurant zu bestellen oder Lebensmittel in einem Lebensmittelladen zu kaufen.

Nehmen Sie den "Alles wird gut" Sprachführer mit Ihnen auf die Reise und Sie werden einen unersetzlichen Begleiter haben, der Ihnen helfen wird, Ihren Weg aus jeder Situation zu finden und Ihnen beibringen wird keine Angst beim Sprechen mit Ausländern zu haben.

INHALTSVERZEICHNIS

T&P Books Publishing

T&P Books Publishing

SPRACHFÜHRER

– AFRIKAANS –

Andrey Taranov

Die nützlichsten Wörter und Sätze

Dieser Sprachführer beinhaltet die häufigsten Sätze und Fragen, die für die grundlegende Kommunikation mit Ausländern benötigt wird

T&P BOOKS

Sprachführer + Wörterbuch mit 3000 Wörtern

Sprachführer Deutsch-Afrikaans und thematischer Wortschatz mit 3000 Wörtern

Von Andrey Taranov

Die Sammlung "Alles wird gut!" von T&P Books ist für Menschen, die für Tourismus und Geschäftsreisen ins Ausland reisen. Die Sprachführer beinhalten, was am wichtigsten ist - die Grundlagen für eine grundlegende Kommunikation. Dies ist eine unverzichtbare Reihe von Sätzen um zu "überleben", während Sie im Ausland sind.

Dieses Buch beinhaltet auch ein kleines Vokabular mit etwa 3000, am häufigsten verwendeten Wörtern. Ein weiterer Abschnitt des Sprachführers bietet ein gastronomisches Wörterbuch, das Ihnen helfen kann, Essen in einem Restaurant zu bestellen oder Lebensmittel im Lebensmittelladen zu kaufen.

T&P Books Publishing
www.tpbooks.com

ISBN: 978-1-78716-576-2

Dieses Buch ist auch im E-Book Format erhältlich.
Besuchen Sie uns auch auf www.tpbooks.com oder auf einer der bedeutenden Buchhandlungen online.

AUSSPRACHE

T&P phonetisches Alphabet	Afrikaans Beispiel	Deutsch Beispiel
[a]	land	schwarz
[ā]	straat	Zahlwort
[æ]	hout	ärgern
[o], [ɔ]	Australië	wohnen, oft
[e]	metaal	Pferde
[ɛ]	aanlê	essen
[ə]	filter	halte
[ɪ]	uur	Mitte
[i]	billik	ihr, finden
[ī]	naïef	Militärbasis
[o]	koppie	orange
[ø]	akteur	können
[œ]	fluit	Hölle
[u]	hulle	kurz
[ʊ]	hout	dumm
[b]	bakker	Brille
[d]	donder	Detektiv
[f]	navraag	fünf
[g]	burger	gelb
[h]	driehoek	brauchbar
[j]	byvoeg	Jacke
[k]	kamera	Kalender
[l]	loon	Juli
[m]	môre	Mitte
[n]	neef	Vorhang
[p]	pyp	Polizei
[r]	rigting	richtig
[s]	oplos	sein
[t]	lood, tenk	still
[v]	bewaar	November
[w]	oorwinnaaˉ	schwanger
[z]	zoem	sein
[dʒ]	enjin	Kambodscha
[ʃ]	artisjok	Chance
[ŋ]	kans	Känguru

T&P phonetisches Alphabet	Afrikaans Beispiel	Deutsch Beispiel
[tʃ]	tjek	Matsch
[ʒ]	beige	Regisseur
[x]	agent	billig

LISTE DER ABKÜRZUNGEN

Deutsch. Abkürzungen

Adj	-	Adjektiv
Adv	-	Adverb
Amtsspr.	-	Amtssprache
f	-	Femininum
f, n	-	Femininum, Neutrum
Fem.	-	Femininum
m	-	Maskulinum
m, f	-	Maskulinum, Femininum
m, n	-	Maskulinum, Neutrum
Mask.	-	Maskulinum
n	-	Neutrum
pl	-	Plural
Sg.	-	Singular
ugs.	-	umgangssprachlich
unzähl.	-	unzählbar
usw.	-	und so weiter
v mod	-	Modalverb
vi	-	intransitives Verb
vi, vt	-	intransitives, transitives Verb
vt	-	transitives Verb
zähl.	-	zählbar
z.B.	-	zum Beispiel

T&P BOOKS

AFRIKAANS SPRACHFÜHRER

Dieser Teil beinhaltet
wichtige Sätze, die sich in
verschiedenen realen
Situationen als nützlich
erweisen können.
Der Sprachführer wird Ihnen
dabei helfen nach dem Weg
zu fragen, einen Preis
zu klären, Tickets zu kaufen
und Essen in einem
Restaurant zu bestellen.

T&P Books Publishing

INHALT SPRACHFÜHRER

T&P Books Publishing

Entschuldigen Sie bitte, ...	**Verskoon my, ...** [ferskoən maj, ...]
Hallo.	**Hallo.** [hallo.]
Danke.	**Baie dankie.** [baje danki.]
Auf Wiedersehen.	**Totsiens.** [totsiŋs.]
Ja.	**Ja.** [ja.]
Nein.	**Nee.** [neə.]
Ich weiß nicht.	**Ek weet nie.** [ɛk veət ni.]
Wo? | Wohin? | Wann?	**Waar? | Waarheen? | Wanneer?** [vār? | vārheən? | vanneər?]

Ich brauche ...	**Ek het ... nodig** [ɛk het ... nodəχ]
Ich möchte ...	**Ek wil ...** [ɛk vil ...]
Haben Sie ...?	**Het u ...?** [het u ...?]
Gibt es hier ...?	**Is hier 'n ...?** [is hir ə ...?]
Kann ich ...?	**Mag ek ...?** [maχ ek ...?]
Bitte (anfragen)	**... asseblief** [... asseblif]

Ich suche ...	**Ek soek ...** [ɛk suk ...]
die Toilette	**toilet** [tojlet]
den Geldautomat	**OTM** [o·te·em]
die Apotheke	**apteek** [apteək]
das Krankenhaus	**hospitaal** [hospitāl]
die Polizeistation	**polisiekantoor** [polisi·kantoər]
die U-Bahn	**moltrein** [moltræjn]

| das Taxi | **taxi**
[taksi] |
| den Bahnhof | **stasie**
[stasi] |

Ich heiße …	**My naam is …** [maj nãm is …]
Wie heißen Sie?	**Wat is u naam?** [vat is u nãm?]
Helfen Sie mir bitte.	**Kan u my help, asseblief?** [kan u maj hɛlp, asseblif?]
Ich habe ein Problem.	**Ek het 'n probleem.** [ɛk het ə probleəm.]
Mir ist schlecht.	**Ek voel nie lekker nie.** [ɛk ful ni lɛkkər ni.]
Rufen Sie einen Krankenwagen!	**Bel 'n ambulans!** [bel ə ambulaŋs!]
Darf ich telefonieren?	**Kan ek 'n oproep maak?** [kan ɛk ə oprup mãk?]

| Entschuldigung. | **Jammer.**
[jammər.] |
| Keine Ursache. | **Plesier.**
[plesir.] |

ich	**Ek, my** [ek, maj]
du	**jy** [jaj]
er	**hy** [haj]
sie	**sy** [saj]
sie (Pl, Mask.)	**hulle** [hullə]
sie (Pl, Fem.)	**hulle** [hullə]
wir	**ons** [ɔŋs]
ihr	**julle** [jullə]
Sie	**u** [u]

EINGANG	**INGANG** [inχaŋ]
AUSGANG	**UITGANG** [œitχaŋ]
AUßER BETRIEB	**BUITE WERKING** [bœitə verkiŋ]
GESCHLOSSEN	**GESLUIT** [χeslœit]

OFFEN	**OOP** [oəp]
FÜR DAMEN	**DAMES** [dames]
FÜR HERREN	**MANS** [maŋs]

Fragen

Wo?	**Waar?** [vār?]
Wohin?	**Waarheen?** [vārheən?]
Woher?	**Van waar?** [fan vār?]
Warum?	**Waar?** [vār?]
Wozu?	**Waarom?** [vārom?]
Wann?	**Wanneer?** [vanneər?]

Wie lange?	**Hoe lank?** [hu lank?]
Um wie viel Uhr?	**Hoe laat?** [hu lāt?]
Wie viel?	**Hoeveel?** [hufeəl?]
Haben Sie ...?	**Het u ...?** [het u ...?]
Wo befindet sich ...?	**Waar is ...?** [vār is ...?]

Wie spät ist es?	**Hoe laat is dit?** [hu lāt is dit?]
Darf ich telefonieren?	**Kan ek 'n oproep maak?** [kan ɛk ə oprup māk?]
Wer ist da?	**Wie is daar?** [vi is dār?]
Darf ich hier rauchen?	**Mag ek hier rook?** [maχ ek hir roək?]
Darf ich ...?	**Mag ek ...?** [maχ ek ...?]

Bedürfnisse

Ich hätte gerne ...	**Ek sou graag ...** [ɛk sæʊ χrāχ ...]
Ich will nicht ...	**Ek wil nie ...** [ɛk vil ni ...]
Ich habe Durst.	**Ek is dors.** [ɛk is dors.]
Ich möchte schlafen.	**Ek wil slaap.** [ɛk vil slāp.]

Ich möchte ...	**Ek wil ...** [ɛk vil ...]
abwaschen	**was** [vas]
mir die Zähne putzen	**my tande borsel** [maj tandə borsəl]
eine Weile ausruhen	**bietjie rus** [biki rus]
meine Kleidung wechseln	**ander klere aantrek** [andər klerə āntrek]

zurück ins Hotel gehen	**teruggaan hotel toe** [teruχχān hotəl tu]
kaufen ...	**... koop** [... koəp]
gehen ...	**gaan na ...** [χān na ...]
besuchen ...	**besoek ...** [besuk ...]
treffen ...	**ontmoet ...** [ontmut ...]
einen Anruf tätigen	**bel** [bəl]

Ich bin müde.	**Ek is moeg.** [ɛk is muχ.]
Wir sind müde.	**Ons is moeg.** [oŋs is muχ.]
Mir ist kalt.	**Ek kry koud.** [ɛk kraj kæʊt.]
Mir ist heiß.	**Ek kry warm.** [ɛk kraj varm.]
Mir passt es.	**Ek is OK.** [ɛk is okej.]

Ich muss telefonieren.

Ek moet 'n oproep maak.
[ɛk mut ə oprup māk.]

Ich muss auf die Toilette.

Ek moet toilet toe gaan.
[ɛk mut toilet tu χān.]

Ich muss gehen.

Ek moet loop.
[ɛk mut loəp.]

Ich muss jetzt gehen.

Ek moet nou loop.
[ɛk mut næʊ loəp.]

Wie man nach dem Weg fragt

Entschuldigen Sie bitte, ...	**Verskoon tog, ...**
	[ferskoən toχ, ...]
Wo befindet sich ...?	**Waar is ...?**
	[vār is ...?]
Welcher Weg ist ...?	**In watter rigting is ...?**
	[in vattər riχtiŋ is ...?]
Könnten Sie mir bitte helfen?	**Kan u my help, asseblief?**
	[kan u maj hɛlp, asseblif?]

Ich suche ...	**Ek soek ...**
	[ɛk suk ...]
Ich suche den Ausgang.	**Waar is die uitgang?**
	[vār is di œitχaŋ?]
Ich fahre nach ...	**Ek gaan na ...**
	[ɛk χān na ...]
Gehe ich richtig nach ...?	**Is dit die regte pad na ...?**
	[is dit di reχtə pat na ...?]

Ist es weit?	**Is dit ver?**
	[is dit fer?]
Kann ich dort zu Fuß hingehen?	**Kan ek te voet soontoe gaan?**
	[kan ɛk tə fut soentu χān?]
Können Sie es mir auf der Karte zeigen?	**Kan u dit op die kaart aanwys?**
	[kan u dit op di kārt ānwajs?]
Zeigen Sie mir wo wir gerade sind.	**Kan u my aanwys waar ons nou is?**
	[kan u maj ānwajs vār ɔŋs næʊ is?]

Hier	**Hier**
	[hir]
Dort	**Daar**
	[dār]
Hierher	**Hiernatoe**
	[hirnatu]

Biegen Sie rechts ab.	**Draai regs.**
	[drāj reχs.]
Biegen Sie links ab.	**Draai links.**
	[drāj links.]
erste (zweite, dritte) Abzweigung	**eerste (tweede, derde) draai**
	[eərstə (tweədə, derdə) drāi]
nach rechts	**na regs**
	[na reχs]

nach links

na links
[na links]

Laufen Sie geradeaus.

Gaan reguit vorentoe.
[xān reχœit forentu.]

Schilder

HERZLICH WILLKOMMEN!	**WELKOM!** [vɛlkom!]
EINGANG	**INGANG** [inχaŋ]
AUSGANG	**UITGANG** [œitχaŋ]

DRÜCKEN	**STOOT** [stoət]
ZIEHEN	**TREK** [trek]
OFFEN	**OOP** [oəp]
GESCHLOSSEN	**GESLUIT** [χeslœit]

FÜR DAMEN	**DAMES** [dames]
FÜR HERREN	**MANS (M)** [maŋs]
HERREN-WC	**MANS (M)** [maŋs]
DAMEN-WC	**DAMES (V)** [dames]

RABATT | REDUZIERT	**AFSLAG** [afslaχ]
AUSVERKAUF	**UITVERKOPING** [œitferkopiŋ]
GRATIS	**GRATIS** [χratis]
NEU!	**NUUT!** [nɪt!]
ACHTUNG!	**PAS OP!** [pas op!]

KEINE ZIMMER FREI	**KAMERS BESET** [kamers beset]
RESERVIERT	**BESPREEK** [bespreək]
VERWALTUNG	**ADMINISTRASIE** [administrasi]
NUR FÜR PERSONAL	**SLEGS PERSONEEL** [sleχs personeəl]

BISSIGER HUND | **PAS OP VIR DIE HOND**
[pas op fir di hont]

RAUCHEN VERBOTEN! | **ROOK VERBODE!**
[roək ferbodə!]

NICHT ANFASSEN! | **NIE AANRAAK NIE!**
[ni ānrăk ni!]

GEFÄHRLICH | **GEVAARLIK**
[χefārlik]

GEFAHR | **GEVAAR**
[χefār]

HOCHSPANNUNG | **HOOGSPANNING**
[hoəχ·spanniŋ]

BADEN VERBOTEN | **SWEM VERBODE!**
[swem ferbodə!]

AUßER BETRIEB | **BUITE GEBRUIK**
[bœitə χebrœik]

LEICHTENTZÜNDLICH | **BRANDBAAR**
[brantbār]

VERBOTEN | **VERBODE**
[ferbodə]

DURCHGANG VERBOTEN | **TOEGANG VERBODE!**
[tuχaŋ ferbodə!]

FRISCH GESTRICHEN | **NAT VERF**
[nat ferf]

WEGEN RENOVIERUNG GESCHLOSSEN | **GESLUIT VIR HERSTELWERK**
[χeslœit fir herstəl·werk]

ACHTUNG BAUARBEITEN | **PADWERKE**
[padwerkə]

UMLEITUNG | **OMPAD**
[ompat]

Transport - Allgemeine Phrasen

Flugzeug	**vliegtuig** [fliχtœiχ]
Zug	**trein** [træjn]
Bus	**bus** [bus]
Fähre	**veerboot** [feǝr·boǝt]
Taxi	**taxi** [taksi]
Auto	**motor** [motor]

Zeitplan	**diensrooster** [diŋs·roǝstǝr]
Wo kann ich den Zeitplan sehen?	**Waar is die diensrooster?** [vār is di diŋs·roǝster?]
Arbeitstage	**werksdae** [verksdaǝ]
Wochenenden	**naweke** [navekǝ]
Ferien	**vakansies** [fakaŋsis]

ABFLUG	**VERTREK** [fertrek]
ANKUNFT	**AANKOMS** [ānkoms]
VERSPÄTET	**VERTRAAG** [ferträχ]
GESTRICHEN	**GEKANSELLEER** [χekaŋsɛlleǝr]

nächste (Zug, usw.)	**volgende** [folχendǝ]
erste	**eerste** [eǝrstǝ]
letzte	**laaste** [lāstǝ]

Wann kommt der Nächste …?	**Wanneer vertrek die volgende …?** [vanneǝr fertrek di folχendǝ …?]
Wann kommt der Erste …?	**Wanneer vertrek die eerste …?** [vanneǝr fertrek di eǝrstǝ …?]

Wann kommt der Letzte ...?

Wanneer vertrek die laaste ...?
[vanneər fertrek di lāstə ...?]

Transfer

aansluiting
[āŋslœitiŋ]

einen Transfer machen

oorstap
[oərstap]

Muss ich einen Transfer machen?

Moet ek oorstap?
[mut ek oərstap?]

Eine Fahrkarte kaufen

Wo kann ich Fahrkarten kaufen?	**Waar kan ek kaartjies koop?** [vår kan ɛk kãrkis koəp?]
Fahrkarte	**kaartjie** [kãrki]
Eine Fahrkarte kaufen	**'n kaartjie koop** [ə kãrki koəp]
Fahrkartenpreis	**kaartjie se prys** [kãrki sə prajs]

Wohin?	**Waarheen?** [vårheən?]
Welche Station?	**Na watter stasie?** [na vattər stasi?]
Ich brauche ...	**Ek het ... nodig** [ɛk het ... nodəχ]
eine Fahrkarte	**'n kaartjie** [ə kãrki]
zwei Fahrkarten	**twee kaartjies** [tweə kãrkis]
drei Fahrkarten	**drie kaartjies** [dri kãrkis]

in eine Richtung	**enkel** [ɛnkəl]
hin und zurück	**retoer** [retur]
erste Klasse	**eerste klas** [eərstə klas]
zweite Klasse	**tweede klas** [tweədə klas]

heute	**vandag** [fandaχ]
morgen	**môre** [mɔrə]
übermorgen	**oormôre** [oərmɔrə]
am Vormittag	**soggens** [soχɛŋs]
am Nachmittag	**smiddags** [smiddaχs]
am Abend	**saans** [sãŋs]

Gangplatz	**sitplek langs die paadjie** [sitplek laŋs di pādʒi]
Fensterplatz	**venstersitplek** [fɛŋstər·sitplek]
Wie viel?	**Hoeveel?** [hufeəl?]
Kann ich mit Karte zahlen?	**Kan ek met 'n kredietkaart betaal?** [kan ɛk met ə kreditkārt betāl?]

Bus

Bus	**bus** [bus]
Fernbus	**interstedelike bus** [interstedelikə bus]
Bushaltestelle	**bushalte** [bus·haltə]
Wo ist die nächste Bushaltestelle?	**Waar is die naaste bushalte?** [vãr is di nãstə bus·haltə?]

Nummer	**nommer** [nommər]
Welchen Bus nehme ich um nach ... zu kommen?	**Watter bus moet ek neem om na ... te gaan?** [vattər bus mut ɛk neəm om na ... tə χãn?]
Fährt dieser Bus nach ...?	**Gaan hierdie bus na ...?** [χãn hirdi bus na ...?]
Wie oft fahren die Busse?	**Hoe gereëld ry die busse?** [hu χereɛlt raj di bussə?]

alle fünfzehn Minuten	**elke 15 minute** [ɛlkə fajftin minutə]
jede halbe Stunde	**elke half uur** [ɛlkə half ɪr]
jede Stunde	**elke uur** [ɛlkə ɪr]
mehrmals täglich	**verskillende kere per dag** [ferskillendə kerə pər daχ]
... Mal am Tag	**... kere per dag** [... kerə pər daχ]

Zeitplan	**diensrooster** [diŋs·roəstər]
Wo kann ich den Zeitplan sehen?	**Waar is die diensrooster?** [vãr is di diŋs·roəster?]
Wann kommt der nächste Bus?	**Wanneer vertrek die volgende bus?** [vanneər fertrek di folχendə bus?]
Wann kommt der erste Bus?	**Wanneer vertrek die eerste bus?** [vanneər fertrek di eərstə bus?]
Wann kommt der letzte Bus?	**Wanneer vertrek die laaste bus?** [vanneər fertrek di lãstə bus?]

Halt

halte
[haltə]

Nächster Halt

volgende halte
[folχendə haltə]

Letzter Halt

eindpunt
[æjnd·punt]

Halten Sie hier bitte an.

Stop hier, asseblief.
[stop hir, asseblif.]

Entschuldigen Sie mich,
dies ist meine Haltestelle.

Verskoon my, dis my halte.
[ferskoən maj, dis maj halte.]

Zug

Zug	**trein** [træjn]
S-Bahn	**voorstedelike trein** [foərstedelikə træjn]
Fernzug	**langafstand trein** [lanχ·afstant træjn]
Bahnhof	**stasie** [stasi]
Entschuldigen Sie bitte, wo ist der Ausgang zum Bahngleis?	**Verskoon my, waar is die uitgang na die perron?** [ferskoən maj, vār is di œitχaŋ na di perron?]

Fährt dieser Zug nach ...?	**Gaan hierdie trein na ...?** [χān hirdi træjn na ...?]
nächste Zug	**volgende trein** [folχendə træjn]
Wann kommt der nächste Zug?	**Wanneer vertrek die volgende trein?** [vanneər fertrek di folχendə træjn?]
Wo kann ich den Zeitplan sehen?	**Waar is die diensrooster?** [vār is di diŋs·roəster?]
Von welchem Bahngleis?	**Van watter perron?** [fan vattər perron?]
Wann kommt der Zug in ... an?	**Wanneer kom die trein aan in ...?** [vanneər kom di træjn ān in ...?]

Helfen Sie mir bitte.	**Help my, asseblief.** [hɛlp maj, asseblif.]
Ich suche meinen Platz.	**Ek soek my sitplek.** [ɛk suk maj sitplek.]
Wir suchen unsere Plätze.	**Ons soek ons sitplek.** [ɔŋs suk ɔŋs sitplek.]
Unser Platz ist besetzt.	**My sitplek is beset.** [maj sitplek is beset.]
Unsere Plätze sind besetzt.	**Ons sitplekke is beset.** [ɔŋs sitplekkə is beset.]

Entschuldigen Sie, aber das ist mein Platz.	**Jammer, dis my sitplek.** [jammər, dis maj sitplek.]
Ist der Platz frei?	**Is hierdie sitplek beset?** [is hirdi sitplek beset?]
Darf ich mich hier setzen?	**Kan ek hier sit?** [kan ek hir sit?]

Im Zug - Dialog (Keine Fahrkarte)

Fahrkarte bitte.	**Kaartjie, asseblief.** [kārki, asseblif.]
Ich habe keine Fahrkarte.	**Ek het nie 'n kaartjie nie.** [ɛk het ni ə kārki ni.]
Ich habe meine Fahrkarte verloren.	**Ek het my kaartjie verloor.** [ɛk het maj kārki ferloər.]
Ich habe meine Fahrkarte zuhause vergessen.	**Ek het my kaartjie by die huis vergeet.** [ɛk het maj kārki baj di hœis ferχeət.]

Sie können von mir eine Fahrkarte kaufen.	**U kan 'n kaartjie van my koop.** [u kan ə kārki fan maj koəp.]
Sie werden auch eine Strafe zahlen.	**U moet 'n boete betaal.** [u mut ə butə betāl.]
Gut.	**Oukei.** [æʊkæj.]
Wohin fahren Sie?	**Waarheen gaan u?** [vārheən χān u?]
Ich fahre nach ...	**Ek gaan na ...** [ɛk χān na ...]

Wie viel? Ich verstehe nicht.	**Hoeveel kos dit? Ek verstaan dit nie.** [hufeəl kos dit? ek ferstān dit ni.]
Schreiben Sie es bitte auf.	**Skryf dit neer, asseblief.** [skrajf dit neər, asseblif.]
Gut. Kann ich mit Karte zahlen?	**OK. Kan ek met 'n kredietkaart betaal?** [okej. kan ɛk met ə kreditkārt betāl?]
Ja, das können Sie.	**Ja, dit kan.** [ja, dit kan.]

Hier ist ihre Quittung.	**Hier is u ontvangsbewys.** [hir is u ontfaŋs·bevajs.]
Tut mir leid wegen der Strafe.	**Jammer vir die boete.** [jammər fir di bute.]
Das ist in Ordnung. Es ist meine Schuld.	**Dis oukei. Dit was my skuld.** [dis æʊkæj. dit vas maj skult.]
Genießen Sie Ihre Fahrt.	**Geniet u reis.** [χenit u ræjs.]

Taxi

Taxi	**taxi** [taksi]
Taxifahrer	**taxibestuurder** [taksi·bestɪrdər]
Ein Taxi nehmen	**'n taxi neem** [ə taksi neəm]
Taxistand	**taxistaanplek** [taksi·stänplek]
Wo kann ich ein Taxi bekommen?	**Waar kan ek 'n taxi neem?** [vär kan ɛk ə taksi neəm?]
Ein Taxi rufen	**'n taxi bel** [ə taksi bəl]
Ich brauche ein Taxi.	**Ek het 'n taxi nodig.** [ɛk het ə taksi nodəχ.]
Jetzt sofort.	**Nou onmiddellik.** [næʊ onmiddɛllik.]
Wie ist Ihre Adresse? (Standort)	**Wat is u adres?** [vat is u adres?]
Meine Adresse ist ...	**My adres is ...** [maj adres is ...]
Ihr Ziel?	**U bestemming?** [u bestɛmmiŋ?]

Entschuldigen Sie bitte, ...	**Verskoon tog, ...** [ferskoən toχ, ...]
Sind Sie frei?	**Is u vry?** [is u fraj?]
Was kostet die Fahrt nach ...?	**Hoeveel kos dit na ...?** [hufeəl kos dit na ...?]
Wissen Sie wo es ist?	**Weet u waar dit is?** [veət u vär dit is?]

Flughafen, bitte.	**Lughawe, asseblief** [luχhavə, asseblif]
Halten Sie hier bitte an.	**Stop hier, asseblief.** [stop hir, asseblif.]
Das ist nicht hier.	**Dis nie hier nie.** [dis ni hir ni.]
Das ist die falsche Adresse.	**Dis die verkeerde adres.** [dis di ferkeərdə adres.]
nach links	**Draai links.** [dräj links.]
nach rechts	**Draai regs.** [dräj reχs.]

Was schulde ich Ihnen?

Wat skuld ek u?
[vat skult ek u?]

Ich würde gerne
ein Quittung haben, bitte.

**Kan ek 'n ontvangsbewys kry,
asseblief?**
[kan ek ə ontfaŋs·bevəjs kraj,
asseblif?]

Stimmt so.

Hou die kleingeld.
[hæʊ di klæjn·χɛlt.]

Warten Sie auf mich bitte

Sal u vir my wag, asseblief?
[sal u fir maj vaχ, asseblif?]

fünf Minuten

vyf minute
[fajf minutə]

zehn Minuten

tien minute
[tin minutə]

fünfzehn Minuten

vyftien minute
[fajftin minutə]

zwanzig Minuten

twintig minute
[twintəχ minutə]

eine halbe Stunde

'n halfuur
[ə halfɪr]

Hotel

Guten Tag.	**Hallo.** [hallo.]
Mein Name ist ...	**My naam is ...** [maj nãm is ...]
Ich habe eine Reservierung.	**Ek het bespreek.** [ɛk het bespreek.]

Ich brauche ...	**Ek het ... nodig** [ɛk het ... nodəχ]
ein Einzelzimmer	**'n enkelkamer** [ə ɛnkəl·kamər]
ein Doppelzimmer	**'n dubbelkamer** [ə dubbəl·kamər]
Wie viel kostet das?	**Hoeveel kos dit?** [hufeəl kos dit?]
Das ist ein bisschen teuer.	**Dis nogal duur.** [dis noχal dɪr.]

Haben Sie sonst noch etwas?	**Is daar nie ander moontlikhede nie?** [is dãr ni andər moentlikhedə ni?]
Ich nehme es.	**Ek vat dit.** [ɛk fat dit.]
Ich zahle bar.	**Ek betaal kontant.** [ɛk betãl kontant.]

Ich habe ein Problem.	**Ek het 'n probleem.** [ɛk het ə probleəm.]
Mein ... ist kaputt.	**My ... is stukkend.** [maj ... is stukkent.]
Mein ... ist außer Betrieb.	**My ... is buite werking.** [maj ... is bœitə verkiŋ.]
Fernseher	**TV** [te·fe]
Klimaanlage	**lugreëling** [luχreɛliŋ]
Wasserhahn	**kraan** [krãn]

Dusche	**stortbad** [stortbat]
Waschbecken	**wasbak** [vasbak]
Safe	**brandkas** [brant·kas]

Türschloss	**deur se slot** [døər sə slot]
Steckdose	**stopkontak** [stop·kontak]
Föhn	**haardroër** [hãr·droɛr]

Ich habe kein …	**Ek het nie …** [ɛk het ni …]
Wasser	**water** [vatər]
Licht	**lig** [liχ]
Strom	**krag** [kraχ]

Können Sie mir … geben?	**Kan u vir my … gee?** [kan u fir maj … χeə?]
ein Handtuch	**'n handdoek** [ə handduk]
eine Decke	**'n kombers** [ə kombərs]
Hausschuhe	**pantoffels** [pantoffəls]
einen Bademantel	**'n kamerjas** [ə kamerjas]
etwas Shampoo	**sjampoe** [ʃampu]
etwas Seife	**seep** [seəp]

Ich möchte ein anderes Zimmer haben.	**Ek wil van kamer verander.** [ɛk vil van kamər verandər.]
Ich kann meinen Schlüssel nicht finden.	**Ek kan my sleutel nie vind nie.** [ɛk kan maj sløətəl ni fint ni.]
Machen Sie bitte meine Tür auf	**Kan u my kamer oopsluit, asseblief?** [kan u maj kamər oəpslœit, asseblif?]
Wer ist da?	**Wie is daar?** [vi is dãr?]
Kommen Sie rein!	**Kom binne!** [kom binnə!]
Einen Moment bitte!	**'n Oomblik!** [ə oəmblik!]
Nicht jetzt bitte.	**Nie nou nie, asseblief.** [ni næʊ ni, asseblif.]

Kommen Sie bitte in mein Zimmer.	**Kom na my kamer, asseblief.** [kom na maj kamər, asseblif.]
Ich würde gerne Essen bestellen.	**Kan ek kamerbediening kry.** [kan ɛk kamər·bediniŋ kraj.]
Meine Zimmernummer ist …	**My kamer se nommer is …** [maj kamər sə nommər is …]

Ich reise ... ab.	**Ek vertrek ...** [ɛk fertrək ...]
Wir reisen ... ab.	**Ons vertrek ...** [ɔŋs fertrek ...]
jetzt	**nou dadellik** [næʊ dadɛllik]
diesen Nachmittag	**vanmiddag** [fanmiddaχ]
heute Abend	**vanaand** [fanānt]
morgen	**môre** [mɔrə]
morgen früh	**môreoggend** [mɔrə·oχent]
morgen Abend	**môremiddag** [mɔrə·middaχ]
übermorgen	**oormôre** [oərmɔrə]

Ich möchte die Zimmerrechnung begleichen.	**Ek wil betaal.** [ɛk vil betāl.]
Alles war wunderbar.	**Alles was uitstekend.** [alles vas œitstekent.]
Wo kann ich ein Taxi bekommen?	**Waar kan ek 'n taxi kry?** [vār kan ɛk ə taksi kraj?]
Würden Sie bitte ein Taxi für mich holen?	**Sal u 'n taxi vir my bestel, asseblief.** [sal u ə taksi fir maj bestel, asseblif.]

Restaurant

Könnte ich die Speisekarte sehen bitte?
Kan ek die spyskaart sien, asseblief?
[kan ɛk di spajskārt sin, asseblif?]

Tisch für einen.
'n Tafel vir een persoon.
[ə tafəl fir eən persoən.]

Wir sind zu zweit (dritt, viert).
Daar is twee (drie, vier) van ons.
[dār is tweə (dri, fir) fan ɔŋs.]

Raucher
Rook.
[roək.]

Nichtraucher
Rook verbode.
[roək ferbodə.]

Entschuldigen Sie mich!
(Einen Kellner ansprechen)
Hallo! Verskoning!
[hallo! ferskoniŋ!]

Speisekarte
spyskaart
[spajskārt]

Weinkarte
wynkaart
[vajn·kārt]

Die Speisekarte bitte.
Die spyskaart, asseblief.
[di spajskārt, assɛblif.]

Sind Sie bereit zum bestellen?
Is u gereed om te bestel?
[is u ɣereət om tə bestel?]

Was würden Sie gerne haben?
Wat verkies u?
[vat ferkis u?]

Ich möchte ...
Ek wil ... hê
[ɛk vil ... hɛ:]

Ich bin Vegetarier.
Ek is vegetariër
[ɛk is feɣetariɛr]

Fleisch
vleis
[flæjs]

Fisch
vis
[fis]

Gemüse
groente
[ɣruntə]

Haben Sie vegetarisches Essen?
Het u vegetariese geregte?
[het u feɣetarisə ɣereɣtə?]

Ich esse kein Schweinefleisch.
Ek eet nie varkvleis nie.
[ɛk eət ni fark·flæjs ni.]

Er /Sie/ isst kein Fleisch.
Hy /sy/ eet nie vleis nie.
[haj /saj/ eət ni flæjs ni.]

Ich bin allergisch auf ...
Ek is allergies vir ...
[ɛk is allerɣis fir ...]

Könnten Sie mir bitte ... Bringen.

Bring vir my ..., asseblief
[briŋ fir maj ..., asseblif]

Salz | Pfeffer | Zucker

sout | peper | suiker
[sæʊt | pepər | sœikər]

Kaffee | Tee | Nachtisch

koffie | tee | nagereg
[koffi | teə | naχerəχ]

Wasser | Sprudel | stilles

water | bruisend | plat
[vatər | brœisent | plat]

einen Löffel | eine Gabel | ein Messer

'n lepel | vurk | mes
[ə lepəl | furk | mes]

einen Teller | eine Serviette

'n bord | servet
[ə bort | serfet]

Guten Appetit!

Smaaklike ete!
[smāklikə ete!]

Noch einen bitte.

Nog een, asseblief.
[noχ eən, asseblif.]

Es war sehr lecker.

Dit was heerlik.
[dit vas heərlik.]

Scheck | Wechselgeld | Trinkgeld

rekening | wisselgeld | fooitjie
[rekəniŋ | vissəlχɛlt | fojki]

Zahlen bitte.

Die rekening, asseblief.
[di rekəniŋ, asseblif.]

Kann ich mit Karte zahlen?

Kan ek met 'n kredietkaart betaal?
[kan ɛk met ə kreditkārt betāl?]

Entschuldigen Sie, hier ist ein Fehler.

Jammer, hier is 'n fout.
[jammər, hir is ə fæʊt.]

Einkaufen

Kann ich Ihnen behilflich sein?	**Kan ek help?** [kan ek hɛlp?]
Haben Sie ...?	**Het u ...?** [het u ...?]
Ich suche ...	**Ek soek ...** [ɛk suk ...]
Ich brauche ...	**Ek het ... nodig** [ɛk het ... nodəχ]

Ich möchte nur schauen.	**Ek kyk net.** [ɛk kajk net.]
Wir möchten nur schauen.	**Ons kyk net.** [ɔŋs kajk net.]
Ich komme später noch einmal zurück.	**Ek kom netnou terug.** [ɛk kom netnæʊ teruχ.]
Wir kommen später vorbei.	**Ons kom netnou terug.** [ɔŋs kom netnæʊ teruχ.]
Rabatt | Ausverkauf	**afslag | uitverkoping** [afslaχ | œitferkopiŋ]

Zeigen Sie mir bitte ...	**Kan u my ... wys, asseblief?** [kan u maj ... vajs, asseblif?]
Geben Sie mir bitte ...	**Kan u my ... gee, asseblief?** [kan u maj ... χeə, asseblif?]
Kann ich es anprobieren?	**Kan ek dit aanpas?** [kan ɛk dit ānpas?]
Entschuldigen Sie bitte, wo ist die Anprobe?	**Verskoon tog, waar is die paskamer?** [ferskoən toχ, vār is di paskamer?]
Welche Farbe mögen Sie?	**Watter kleur wil u hê?** [vattər kløər vil u hɛ:?]
Größe | Länge	**maat | lengte** [māt | leŋtə]
Wie sitzt es?	**Pas dit?** [pas dit?]

Was kostet das?	**Hoeveel kos dit?** [hufeəl kos dit?]
Das ist zu teuer.	**Dis te duur** [dis tə dɪr]
Ich nehme es.	**Ek sal dit vat.** [ɛk sal dit fat.]
Entschuldigen Sie bitte, wo ist die Kasse?	**Verskoon tog, waar moet ek betaal?** [ferskoən toχ, vār mut ek betāl?]

Zahlen Sie Bar oder mit Karte?

Betaal u kontant of met 'n kredietkaart?
[betal u kontant of met ə kreditkārt?]

in Bar | mit Karte

kontant | met 'n kredietkaart
[kontant | met ə kreditkārt]

Brauchen Sie die Quittung?

Wil u 'n ontvangsbewys?
[vil u ə ontfaŋsbevajs?]

Ja, bitte.

Ja, asseblief.
[ja, asseblif.]

Nein, es ist ok.

Nee, dis nie nodig nie.
[neə, dis ni nodəχ ni.]

Danke. Einen schönen Tag noch!

Dankie. Geniet die res van die dag!
[danki. χenit di res fan di daχ!]

In der Stadt

Entschuldigen Sie bitte, ...
Verskoon tog, asseblief.
[ferskoən toχ, asseblif.]

Ich suche ...
Ek soek ...
[ɛk suk ...]

die U-Bahn
die moltrein
[di moltræjn]

mein Hotel
my hotel
[maj hotəl]

das Kino
die bioskoop
[di bioskoəp]

den Taxistand
'n taxistaanplek
[ə taksi·stänplek]

einen Geldautomat
'n OTM
[ə o·te·em]

eine Wechselstube
'n wisselkantoor
[ə vissəl·kantoər]

ein Internetcafé
'n internetkafee
[ə internet·kafeə]

die ... -Straße
... straat
[... strät]

diesen Ort
hierdie plek
[hirdi plek]

Wissen Sie, wo ... ist?
Weet u waar ... is?
[veət u vär ... is?]

Wie heißt diese Straße?
Watter straat is dit?
[vattər strät is dit?]

Zeigen Sie mir wo wir gerade sind.
Kan u my aanwys waar ons nou is?
[kan u maj änwajs vär ɔŋs næʊ is?]

Kann ich dort zu Fuß hingehen?
Kan ek soontoe stap?
[kan ek soəntu stap?]

Haben Sie einen Stadtplan?
Het u 'n kaart van die stad?
[het u ə kärt fan di stat?]

Was kostet eine Eintrittskarte?
Hoeveel kos 'n toegangskaartjie?
[hufeəl kos ə tuχaŋs·kärki?]

Darf man hier fotografieren?
Kan ek hier foto's maak?
[kan ɛk hir fotos mäk?]

Haben Sie offen?
Is u oop?
[is u oəp?]

Wann öffnen Sie?

Hoe laat gaan u oop?
[hu lāt χãn u oəp?]

Wann schließen Sie?

Hoe laat sluit u?
[hu lāt slœit u?]

Geld

Geld	**geld** [χɛlt]
Bargeld	**kontant** [kontant]
Papiergeld	**bankbiljette** [bank·biljɛttə]
Kleingeld	**kleingeld** [klæjn·χɛlt]
Scheck | Wechselgeld | Trinkgeld	**rekening | wisselgeld | fooitjie** [rekəniŋ | vissəlχɛlt | fojki]
Kreditkarte	**kredietkaart** [kreditkārt]
Geldbeutel	**beursie** [bøərsi]
kaufen	**koop** [koəp]
zahlen	**betaal** [betāl]
Strafe	**boete** [butə]
kostenlos	**gratis** [χratis]
Wo kann ich ... kaufen?	**Waar kan ek ... koop?** [vār kan ɛk ... koəp?]
Ist die Bank jetzt offen?	**Is die bank nou oop?** [is di bank næʊ oəp?]
Wann öffnet sie?	**Wanneer maak dit oop?** [vanneər māk dit oəp?]
Wann schließt sie?	**Wanneer maak dit toe?** [vanneər māk dit tu?]
Wie viel?	**Hoeveel?** [hufeəl?]
Was kostet das?	**Hoeveel kos dit?** [hufeəl kos dit?]
Das ist zu teuer.	**Dis te duur.** [dis tə dɪr.]
Entschuldigen Sie bitte, wo ist die Kasse?	**Verskoon tog, waar moet ek betaal?** [ferskoən toχ, vār mut ek betāl?]
Ich möchte zahlen.	**Die rekening, asseblief.** [di rekəniŋ, asseblif.]

Kann ich mit Karte zahlen?

Kan ek met 'n kredietkaart betaal?
[kan ɛk met ə kreditkãrt betãl?]

Gibt es hier einen Geldautomat?

Verskoon tog, is hier 'n OTM?
[ferskoən toχ, is hir ə o·te·em?]

Ich brauche einen Geldautomat.

Ek soek 'n OTM.
[ɛk suk ə o·te·em.]

Ich suche eine Wechselstube.

Ek soek 'n wisselkantoor.
[ɛk suk ə vissəl·kantoər.]

Ich möchte ... wechseln.

Ek sou ... wou wissel.
[ɛk sæʊ ... væʊ vissəl.]

Was ist der Wechselkurs?

Wat is die wisselkoers?
[vat is di vissəlkurs?]

Brauchen Sie meinen Reisepass?

Het u my paspoort nodig?
[het u maj paspoərt nodəχ?]

Zeit

Wie spät ist es?	**Hoe laat is dit?** [hu lāt is dit?]
Wann?	**Wanneer?** [vanneər?]
Um wie viel Uhr?	**Hoe laat?** [hu lāt?]
jetzt | später | nach ...	**nou | later | na ...** [næʊ | latər | na ...]
ein Uhr	**een uur** [eən ɪr]
Viertel zwei	**kwart oor een** [kwart oər eən]
Ein Uhr dreißig	**half twee** [half tweə]
Viertel vor zwei	**kwart voor twee** [kwart foər tweə]
eins | zwei | drei	**een | twee | drie** [eən | tweə | dri]
vier | fünf | sechs	**vier | vyf | ses** [fir | fajf | ses]
sieben | acht | neun	**sewe | ag | nege** [sevə | aχ | neχə]
zehn | elf | zwölf	**tien | elf | twaalf** [tin | ɛlf | twālf]
in ...	**binne ...** [binnə ...]
fünf Minuten	**vyf minute** [fajf minutə]
zehn Minuten	**tien minute** [tin minutə]
fünfzehn Minuten	**vyftien minute** [fajftin minutə]
zwanzig Minuten	**twintig minute** [twintəχ minutə]
einer halben Stunde	**'n halfuur** [ə halfɪr]
einer Stunde	**'n uur** [ə ɪr]

am Vormittag	**soggens** [soχɛŋs]
früh am Morgen	**soggens vroeg** [soχɛŋs fruχ]
diesen Morgen	**vanoggend** [fanoχent]
morgen früh	**môreoggend** [mɔrə·oχent]

am Mittag	**in die middel van die dag** [in di middəl fan di daχ]
am Nachmittag	**smiddags** [smiddaχs]
am Abend	**saans** [sãŋs]
heute Abend	**vanaand** [fanãnt]

in der Nacht	**saans** [sãŋs]
gestern	**gister** [χistər]
heute	**vandag** [fandaχ]
morgen	**môre** [mɔrə]
übermorgen	**oormôre** [oərmɔrə]

Welcher Tag ist heute?	**Watter dag is dit vandag?** [vattər daχ is dit fandaχ?]
Es ist ...	**Dit is ...** [dit is ...]
Montag	**maandag** [mãndaχ]
Dienstag	**dinsdag** [dinsdaχ]
Mittwoch	**woensdag** [voɛŋsdaχ]

Donnerstag	**Donderdag** [dondərdaχ]
Freitag	**vrydag** [frajdaχ]
Samstag	**saterdag** [satərdaχ]
Sonntag	**sondag** [sondaχ]

Begrüßungen und Vorstellungen

Hallo.	**Hallo.** [hallo.]
Freut mich, Sie kennen zu lernen.	**Aangename kennis.** [ānχənamə kɛnnis.]
Ganz meinerseits.	**Dieselfde.** [disɛlfdə.]
Darf ich vorstellen? Das ist …	**Kan ek jou voorstel aan …** [kan ɛk jæʊ foərstəl ān …]
Sehr angenehm.	**Aangename kennis.** [ānχənamə kɛnnis.]
Wie geht es Ihnen?	**Hoe gaan dit?** [hu χān dit?]
Ich heiße …	**My naam is …** [maj nām is …]
Er heißt …	**Dis …** [dis …]
Sie heißt …	**Dis …** [dis …]
Wie heißen Sie?	**Wat is u naam?** [vat is u nām?]
Wie heißt er?	**Wat is sy naam?** [vat is saj nām?]
Wie heißt sie?	**Wat is haar naam?** [vat is hār nām?]
Wie ist Ihr Nachname?	**Wat is u van?** [vat is u fan?]
Sie können mich … nennen.	**Noem my maar …** [num maj mār …]
Woher kommen Sie?	**Vanwaar kom u?** [fanwār kom u?]
Ich komme aus …	**Ek kom van …** [ɛk kom fan …]
Was machen Sie beruflich?	**Wat is u beroep?** [vat is u berup?]
Wer ist das?	**Wie is dit?** [vi is dit?]
Wer ist er?	**Wie is hy?** [vi is haj?]
Wer ist sie?	**Wie is sy?** [vi is saj?]
Wer sind sie?	**Wie is hulle?** [vi is hullə?]

Das ist ...	**Dit is ...** [dit is ...]
mein Freund	**my vriend** [maj frint]
meine Freundin	**my vriendin** [maj frindin]
mein Mann	**my man** [maj man]
meine Frau	**my vrou** [maj fræʊ]
mein Vater	**my vader** [maj fadər]
meine Mutter	**my moeder** [maj mudər]
mein Bruder	**my broer** [maj brur]
mein Sohn	**my seun** [maj søən]
meine Tochter	**my dogter** [maj doχtər]
Das ist unser Sohn.	**Dit is ons seun.** [dit is ɔŋs søən.]
Das ist unsere Tochter.	**Dit is ons dogter.** [dit is ɔŋs doχter.]
Das sind meine Kinder.	**Dit is my kinders.** [dit is maj kindərs.]
Das sind unsere Kinder.	**Dit is ons kinders.** [dit is ɔŋs kindərs.]

Verabschiedungen

Auf Wiedersehen!	**Totsiens!** [totsiŋs!]
Tschüss!	**Koebaai!** [kubāi!]
Bis morgen.	**Sien jou môre.** [sin jæʊ mɔrə.]
Bis bald.	**Totsiens.** [totsiŋs.]
Bis um sieben.	**Sien jou om sewe uur.** [sin jæʊ om sevə ɪr.]

Viel Spaß!	**Geniet dit!** [χenit dit!]
Wir sprechen später.	**Gesels later.** [χesɛls latər.]
Ich wünsche Ihnen ein schönes Wochenende.	**Geniet die naweek.** [χenit di naveək.]
Gute Nacht.	**Lekker slaap.** [lɛkkər slāp.]

Es ist Zeit, dass ich gehe.	**Dis tyd om te gaan.** [dis tajt om tə χān.]
Ich muss gehen.	**Ek moet loop.** [ɛk mut loəp.]
Ich bin gleich wieder da.	**Ek is nounou terug.** [ɛk is næʊnæʊ teruχ.]

Es ist schon spät.	**Dis al laat.** [dis al lāt.]
Ich muss früh aufstehen.	**Ek moet vroeg opstaan.** [ɛk mut fruχ opstān.]
Ich reise morgen ab.	**Ek vertrek môre.** [ɛk fertrək mɔrə.]
Wir reisen morgen ab.	**Ons vertrek môre.** [ɔŋs fertrek mɔrə.]

Ich wünsche Ihnen eine gute Reise	**Geniet die reis!** [χenit di ræjs!]
Hat mich gefreut, Sie kennen zu lernen.	**Ek het dit geniet om jou te ontmoet.** [ɛk het dit χenit om jæʊ tə ontmut.]
Hat mich gefreut mit Ihnen zu sprechen.	**Dit was lekker om met jou te gesels.** [dit vas lɛkkər om met jæʊ tə χesɛls.]
Danke für alles.	**Baie dankie vir alles.** [baje danki fir alles.]

Ich hatte eine sehr gute Zeit.	**Ek het dit geniet.** [ɛk het dit χenit.]
Wir hatten eine sehr gute Zeit.	**Ons het dit baie geniet.** [ɔŋs het dit baje χenit.]
Es war wirklich toll.	**Dit was regtig oulik.** [dit vas reχteχ æʊlik.]
Ich werde Sie vermissen.	**Ek gaan jou mis.** [ɛk χān jæʊ mis.]
Wir werden Sie vermissen.	**Ons gaan jou mis.** [ɔŋs χān jæʊ mis.]

Viel Glück!	**Sukses!** [suksɛs!]
Grüßen Sie …	**Stuur groete vir …** [stɪr χrutə fir …]

Fremdsprache

Ich verstehe nicht.	**Ek verstaan dit nie.** [ɛk ferstān dit ni.]
Schreiben Sie es bitte auf.	**Skryf dit neer, asseblief.** [skrajf dit neer, asseblif.]
Sprechen Sie ...?	**Praat u ...?** [prāt u ...?]

Ich spreche ein bisschen ...	**Ek praat 'n bietjie ...** [ɛk prāt ə biki ...]
Englisch	**Engels** [ɛŋəls]
Türkisch	**Turks** [turks]
Arabisch	**Arabies** [arabis]
Französisch	**Frans** [fraŋs]

Deutsch	**Duits** [dœits]
Italienisch	**Italiaans** [italiāŋs]
Spanisch	**Spaans** [spāŋs]
Portugiesisch	**Portugees** [portuχees]
Chinesisch	**Sjinees** [ʃinees]
Japanisch	**Japannees** [japannees]

Können Sie das bitte wiederholen.	**Kan u dit herhaal asseblief** [kan u dit herhāl asseblif]
Ich verstehe.	**Ek verstaan dit.** [ɛk ferstān dit.]
Ich verstehe nicht.	**Ek verstaan dit nie.** [ɛk ferstān dit ni.]
Sprechen Sie etwas langsamer.	**Praat bietjie stadiger asseblief.** [prāt biki stadiχər asseblif.]

Ist das richtig?	**Is dit reg?** [is dit reχ?]
Was ist das? (Was bedeutet das?)	**Wat is dit?** [vat is dit?]

Entschuldigungen

Entschuldigen Sie bitte.

Verskoon my, asseblief.
[ferskoən maj, asseblif.]

Es tut mir leid.

Jammer.
[jammər.]

Es tut mir sehr leid.

Ek is baie jammer.
[ɛk is baje jammər.]

Es tut mir leid, das ist meine Schuld.

Jammer, dis my skuld.
[jammər, dis maj skult.]

Das ist mein Fehler.

My skuld.
[maj skult.]

Darf ich ...?

Mag ek ...?
[maχ ek ...?]

Haben Sie etwas dagegen, wenn ich ...?

Sal u omgee as ek ...?
[sal u omχeə as ek ...?]

Es ist okay.

Dis OK.
[dis okej.]

Alles in Ordnung.

Maak nie saak nie.
[māk ni sāk ni.]

Machen Sie sich keine Sorgen.

Moet jou nie daaroor bekommer nie.
[mut jæʊ ni dāroər bekommər ni.]

Einigung

Ja.	**Ja.** [ja.]
Ja, natürlich.	**Ja, beslis.** [ja, beslis.]
Ok! (Gut!)	**OK. Goed!** [okej. χut!]
Sehr gut.	**Uitstekend.** [œitstekent]
Natürlich!	**Definitief!** [definitif!]
Genau.	**Ek stem saam.** [ɛk stem sãm.]

Das stimmt.	**Dis reg.** [dis reχ.]
Das ist richtig.	**Dis reg.** [dis reχ.]
Sie haben Recht.	**U is reg.** [u is reχ.]
Ich habe nichts dagegen.	**Ek gee nie om nie.** [ɛk χeə ni om ni.]
Völlig richtig.	**Heeltemal reg.** [heəltemal reχ.]

Das kann sein.	**Dis moontlik.** [dis moentlik.]
Das ist eine gute Idee.	**Dis 'n goeie idee.** [dis ə χuje ideə.]
Ich kann es nicht ablehnen.	**Ek kan nie nee sê nie.** [ɛk kan ni neə sɛ: ni.]
Ich würde mich freuen.	**Dis 'n plesier.** [dis ə plesir.]
Gerne.	**Plesier.** [plesir.]

Ablehnung. Äußerung von Zweifel

Nein.
Nee
[neə]

Natürlich nicht.
Beslis nie.
[beslis ni.]

Ich stimme nicht zu.
Ek stem nie saam nie.
[ɛk stem ni sām ni.]

Das glaube ich nicht.
Ek glo dit nie.
[ɛk χlo dit ni.]

Das ist falsch.
Dis nie waar nie.
[dis ni vār ni.]

Sie liegen falsch.
U maak 'n fout.
[u māk ə fæʊt.]

Ich glaube, Sie haben Unrecht.
Ek dink u is verkeerd.
[ɛk dink u is ferkeərt.]

Ich bin nicht sicher.
Ek is nie seker nie.
[ɛk is ni sekər ni.]

Das ist unmöglich.
Dis onmoontlik.
[dis onmoentlik.]

Nichts dergleichen!
Glad nie!
[χlat ni!]

Im Gegenteil!
Net die teenoorgestelde!
[net di teənoərχestɛlde!]

Ich bin dagegen.
Ek is daarteen.
[ɛk is dārteən.]

Es ist mir egal.
Ek gee nie om nie.
[ɛk χeə ni om ni.]

Keine Ahnung.
Ek het nie 'n idee nie.
[ɛk het ni ə ideə ni.]

Ich bezweifle, dass es so ist.
Ek betwyfel dit.
[ɛk betwajfəl dit.]

Es tut mir leid, ich kann nicht.
Jammer, ek kan nie.
[jammər, ɛk kan ni.]

Es tut mir leid, ich möchte nicht.
Jammer, ek wil nie.
[jammər, ɛk vil ni.]

Danke, das brauche ich nicht.
Dankie, maar ek het dit nie nodig nie.
[danki, mār ɛk het dit ni nodəχ ni.]

Es ist schon spät.
Dit word laat.
[dit vort lāt.]

Ich muss früh aufstehen.

Ek moet vroeg opstaan.
[ɛk mut fruχ opstãn.]

Mir geht es schlecht.

Ek voel nie lekker nie.
[ɛk ful ni lɛkkər ni.]

Dankbarkeit ausdrücken

Danke.	**Baie dankie.** [baje danki.]
Dankeschön.	**Baie dankie.** [baje danki.]
Ich bin Ihnen sehr verbunden.	**Ek waardeer dit.** [ɛk vārdeər dit.]
Ich bin Ihnen sehr dankbar.	**Ek is u baie dankbaar.** [ɛk is u baje dankbār.]
Wir sind Ihnen sehr dankbar.	**Ons is u baie dankbaar.** [ɔŋs is u baje dankbār.]
Danke, dass Sie Ihre Zeit geopfert haben.	**Baie dankie vir u tyd.** [baje danki fir u tajt.]
Danke für alles.	**Baie dankie vir alles.** [baje danki fir alles.]
Danke für ...	**Dankie vir ...** [danki fir ...]
Ihre Hilfe	**u hulp** [u hulp]
die schöne Zeit	**vir 'n lekker tydjie** [fir ə lɛkkər tajdʒi]
das wunderbare Essen	**'n heerlike ete** [ə heərlikə etə]
den angenehmen Abend	**'n aangename aand** [ə ānχənamə ānt]
den wunderschönen Tag	**'n oulike dag** [ə æʋlikə daχ]
die interessante Führung	**'n wonderlike reis** [ə vondərlikə ræjs]
Keine Ursache.	**Plesier.** [plesir.]
Nichts zu danken.	**Plesier.** [plesir.]
Immer gerne.	**Enige tyd.** [ɛniχə tajt.]
Es freut mich, geholfen zu haben.	**Plesier.** [plesir.]
Vergessen Sie es.	**Plesier.** [plesir.]
Machen Sie sich keine Sorgen.	**Moet jou nie bekommer nie.** [mut jæʋ ni bekommər ni.]

Glückwünsche. Beste Wünsche

Glückwunsch!	**Geluk!** [χeluk!]
Alles gute zum Geburtstag!	**Geluk met jou verjaardag!** [χeluk met jæʊ ferjārdaχ!]
Frohe Weihnachten!	**Geseënde Kersfees!** [χeseɛndə kersfeɛs!]
Frohes neues Jahr!	**Gelukkige Nuwejaar!** [χelukkiχə nuvejār!]
Frohe Ostern!	**Geseënde Paasfees!** [χeseɛndə pāsfeɛs!]
Frohes Hanukkah!	**Gelukkige Chanoeka!** [χelukkiχə χanuka!]
Ich möchte einen Toast ausbringen.	**Ek wil graag 'n heildronk instel.** [ɛk vil χrāχ ə hæjldronk instəl.]
Auf Ihr Wohl!	**Gesondheid!** [χesonthæjt!]
Trinken wir auf …!	**Laat ons drink op …!** [lāt ɔŋs drink op …!]
Auf unseren Erfolg!	**Op jou sukses!** [op jæʊ suksɛs!]
Auf Ihren Erfolg!	**Op u sukses!** [op u suksɛs!]
Viel Glück!	**Sukses!** [suksɛs!]
Einen schönen Tag noch!	**Geniet die dag!** [χenit di daχ!]
Haben Sie einen guten Urlaub!	**Geniet die vakansie!** [χenit di fakaŋsi!]
Haben Sie eine sichere Reise!	**Veilig ry!** [fæjləχ raj!]
Ich hoffe es geht Ihnen bald besser!	**Ek hoop u voel gou beter!** [ɛk hoəp u ful χæʊ betər!]

Sozialisieren

Warum sind Sie traurig?	**Hoekom lyk u so droewig?** [hukom lajk u so druvəχ?]
Lächeln Sie!	**Lag 'n bietjie! Wees vrolik!** [laχ ə biki! veəs frolik!]
Sind Sie heute Abend frei?	**Is u vry vanaand?** [is u fraj fanãnt?]

Darf ich Ihnen was zum Trinken anbieten?	**Kan ek 'n drankie vir jou kry?** [kan ek ə dranki fir jæʊ kraj?]
Möchten Sie tanzen?	**Wil u dans?** [vil u daŋs?]
Gehen wir ins Kino.	**Sal ons bioskoop toe gaan?** [sal ɔŋs bioskoəp tu χãn?]

Darf ich Sie ins ... einladen?	**Mag ek jou uitnooi na ...?** [maχ ek jæʊ œitnoj na ...?]
Restaurant	**'n restaurant** [ə restɔurant]
Kino	**die bioskoop** [di bioskoəp]
Theater	**die teater** [di teatər]
auf einen Spaziergang	**gaan stap** [χãn stap]

Um wie viel Uhr?	**Hoe laat?** [hu lãt?]
heute Abend	**vanaand** [fanãnt]
um sechs Uhr	**om ses uur** [om ses ɪr]
um sieben Uhr	**om sewe uur** [om sevə ɪr]
um acht Uhr	**om agt uur** [om aχt ɪr]
um neun Uhr	**om nege uur** [om neχə ɪr]

Gefällt es Ihnen hier?	**Geniet u dit hier?** [χenit u dit hir?]
Sind Sie hier mit jemandem?	**Is u hier saam met iemand?** [is u hir sãm met imant?]
Ich bin mit meinem Freund /meiner Freundin/.	**Ek is met my vriend.** [ɛk is met maj frint.]

Ich bin mit meinen Freunden.

Ek is met my vriende.
[ɛk is met maj frində.]

Nein, ich bin alleine.

Nee, ek is alleen.
[neə, ek is alleen.]

Hast du einen Freund?

Het jy 'n kêrel?
[het jaj ə kærel?]

Ich habe einen Freund.

Ek het 'n kêrel.
[ɛk het ə kærel.]

Hast du eine Freundin?

Het jy 'n meisie?
[het jaj ə mæjsi?]

Ich habe eine Freundin.

Ek het 'n meisie.
[ɛk het ə mæjsi.]

Kann ich dich nochmals sehen?

Kan ek jou weer sien?
[kan ek jæʊ veər sin?]

Kann ich dich anrufen?

Kan ek jou bel?
[kan ek jæʊ bel?]

Ruf mich an.

Bel my.
[bel maj.]

Was ist deine Nummer?

Wat is jou nommer?
[vat is jæʊ nommər?]

Ich vermisse dich.

Ek mis jou.
[ɛk mis jæʊ.]

Sie haben einen schönen Namen.

U het 'n mooi naam.
[u het ə moj nãm.]

Ich liebe dich.

Ek hou van jou.
[ɛk hæʊ fan jæʊ.]

Willst du mich heiraten?

Wil jy met my trou?
[vil jaj met maj træʊ?]

Sie machen Scherze!

U maak grappies!
[u mãk χrappis!]

Ich habe nur gescherzt.

Ek maak net 'n grappie.
[ɛk mãk net ə χrappi.]

Ist das Ihr Ernst?

Bedoel u dit?
[bedul u dit?]

Das ist mein Ernst.

Ek is ernstig.
[ɛk is ernstəχ.]

Echt?!

Regtig waar?!
[reχtəχ vãr?!]

Das ist unglaublich!

Dis ongelooflik.
[dis onχeloəflik.]

Ich glaube Ihnen nicht.

Ek glo jou nie.
[ɛk χlo jæʊ ni.]

Ich kann nicht.

Ek kan nie.
[ɛk kan ni.]

Ich weiß nicht.

Ek weet dit nie.
[ɛk veət dit ni.]

Ich verstehe Sie nicht.

Ek verstaan u nie.
[ɛk ferstãn u ni.]

Bitte gehen Sie weg.

Loop asseblief.
[loəp asseblif.]

Lassen Sie mich in Ruhe!

Los my uit!
[los maj œit!]

Ich kann ihn nicht ausstehen.

Ek kan hom nie verdra nie.
[ɛk kan hom ni ferdra ni.]

Sie sind widerlich!

U is walglik!
[u is valχlik!]

Ich rufe die Polizei an!

Ek gaan die polisie bel!
[ɛk χān di polisi bel!]

Gemeinsame Eindrücke. Emotionen

Das gefällt mir.

Ek hou daarvan.
[ɛk hæʊ dārfan.]

Sehr nett.

Baie mooi.
[baje moj.]

Das ist toll!

Dis oulik!
[dis æʊlik!]

Das ist nicht schlecht.

Dis nie sleg nie.
[dis ni sleχ ni.]

Das gefällt mir nicht.

Ek hou nie daarvan nie.
[ɛk hæʊ ni dārfan ni.]

Das ist nicht gut.

Dis nie goed nie.
[dis ni χut ni.]

Das ist schlecht.

Dis sleg.
[dis sleχ.]

Das ist sehr schlecht.

Dis baie sleg.
[dis baje sleχ.]

Das ist widerlich.

Dis walglik.
[dis valχlik.]

Ich bin glücklich.

Ek is bly.
[ɛk is blaj.]

Ich bin zufrieden.

Ek is tevrede.
[ɛk is tefrede.]

Ich bin verliebt.

Ek is verlief.
[ɛk is ferlif.]

Ich bin ruhig.

Ek is rustig.
[ɛk is rustəχ.]

Ich bin gelangweilt.

Ek verveel my.
[ɛk ferfeəl maj.]

Ich bin müde.

Ek is moeg.
[ɛk is muχ.]

Ich bin traurig.

Ek is droewig.
[ɛk is druvəχ.]

Ich habe Angst.

Ek is bang.
[ɛk is baŋ.]

Ich bin wütend.

Ek is kwaad.
[ɛk is kwāt.]

Ich mache mir Sorgen.

Ek is bekommerd.
[ɛk is bekommert.]

Ich bin nervös.

Ek is senuweeagtig.
[ɛk is senuveə aχtəχ.]

Ich bin eifersüchtig.	**Ek is jaloers.** [ɛk is jalurs.]
Ich bin überrascht .	**Dit verbaas my.** [dit ferbãs maj.]
Es ist mir peinlich.	**Ek is verbouereerd.** [ɛk is ferbæureərt.]

Probleme. Unfälle

Ich habe ein Problem.	**Ek het 'n probleem.** [ɛk het ə probleəm.]
Wir haben Probleme.	**Ons het 'n probleem.** [ɔŋs het ə probleəm.]
Ich bin verloren.	**Ek het verdwaal.** [ɛk het ferdwāl.]
Ich habe den letzten Bus (Zug) verpasst.	**Ek het die laaste bus (trein) gemis.** [ɛk het di lāstə bus (træjn) χemis.]
Ich habe kein Geld mehr.	**My geld is op.** [maj χɛlt is op.]

Ich habe mein ... verloren.	**Ek het my ... verloor** [ɛk het maj ... ferloər]
Jemand hat mein ... gestohlen.	**Lemand het my ... gesteel.** [lemant het maj ... χesteəl.]
Reisepass	**paspoort** [paspoərt]
Geldbeutel	**beursie** [bøərsi]
Papiere	**papiere** [papirə]
Fahrkarte	**kaartjie** [kārki]
Geld	**geld** [χɛlt]
Tasche	**handsak** [hand·sak]
Kamera	**kamera** [kamera]
Laptop	**skootrekenaar** [skoət·rekənār]
Tabletcomputer	**tablet** [tablet]
Handy	**selfoon** [sɛlfoən]

Hilfe!	**Help!** [hɛlp!]
Was ist passiert?	**Wat's fout?** [vats fæʊt?]
Feuer	**brand** [brant]
Schießerei	**daar word geskiet** [dār vort χeskit]

Mord	**moord** [moərt]
Explosion	**ontploffing** [ontploffiŋ]
Schlägerei	**geveg** [χefeχ]

Rufen Sie die Polizei!	**Bel die polisie!** [bel di polisi!]
Beeilen Sie sich!	**Maak gou asseblief!** [māk χæʊ asseblif!]
Ich suche nach einer Polizeistation.	**Ek soek die polisiekantoor.** [ɛk suk di polisi·kantoər.]
Ich muss einen Anruf tätigen.	**Ek moet bel.** [ɛk mut bel.]
Kann ich Ihr Telefon benutzen?	**Mag ek u telefoon gebruik?** [maχ ek u telefoən χebrœik?]

Ich wurde ...	**Ek is ...** [ɛk is ...]
ausgeraubt	**aangeval** [ānχəfal]
überfallen	**beroof** [beroəf]
vergewaltigt	**verkrag** [ferkraχ]
angegriffen	**aangeval** [ānχəfal]

Ist bei Ihnen alles in Ordnung?	**Gaan dit?** [χān dit?]
Haben Sie gesehen wer es war?	**Het u gesien wie dit was?** [het u χesin vi dit vas?]
Sind Sie in der Lage die Person wiederzuerkennen?	**Sou u die persoon kon herken?** [sæʊ u di persoən kon herken?]
Sind sie sicher?	**Is u seker?** [is u seker?]

Beruhigen Sie sich bitte!	**Kom tot bedaring asseblief.** [kom tot bedariŋ asseblif.]
Ruhig!	**Rustig!** [rustəχ!]
Machen Sie sich keine Sorgen	**Moenie bekommerd wees nie!** [muni bekommert veəs ni!]
Alles wird gut.	**Alles sal reg kom.** [alles sal reχ kom.]
Alles ist in Ordnung.	**Alles is reg.** [alles is reχ.]
Kommen Sie bitte her.	**Kom hier asseblief.** [kom hir asseblif.]
Ich habe einige Fragen für Sie.	**Ek het 'n paar vrae vir u.** [ɛk het ə pār fraə fir u.]

Warten Sie einen Moment bitte.

Wag 'n bietjie, asseblief.
[vaχ ə biki, asseblif.]

Haben Sie einen
Identifikationsnachweis?

Het u 'n identiteitskaart?
[het u ə identitæjts·kãrt?]

Danke. Sie können nun gehen.

Dankie. U kan nou loop.
[danki. u kan næʊ loəp.]

Hände hinter dem Kopf!

Hande agter jou kop!
[handə aχtər jæʊ kop!]

Sie sind verhaftet!

U is onder arres!
[u is ondər arres!]

Gesundheitsprobleme

Helfen Sie mir bitte.	**Help my, asseblief.** [hɛlp maj, asseblif.]
Mir ist schlecht.	**Ek voel nie lekker nie.** [ɛk ful ni lɛkkər ni.]
Meinem Ehemann ist schlecht.	**My man voel nie lekker nie.** [maj man ful ni lɛkkər ni.]
Mein Sohn ...	**My seun ...** [maj søən ...]
Mein Vater ...	**My pa ...** [maj pa ...]
Meine Frau fühlt sich nicht gut.	**My vrou voel nie lekker nie.** [maj fræʊ ful ni lɛkkər ni.]
Meine Tochter ...	**My dogter ...** [maj doχtər ...]
Meine Mutter ...	**My ma ...** [maj ma ...]
Ich habe ... schmerzen.	**Ek het ...** [ɛk het ...]
Kopf-	**koppyn** [koppajn]
Hals-	**keelpyn** [keəl·pajn]
Bauch-	**maagpyn** [mãχpajn]
Zahn-	**tandpyn** [tand·pajn]
Mir ist schwindelig.	**Ek voel duiselig.** [ɛk ful dœiseləχ.]
Er hat Fieber.	**Hy het koors.** [haj het koərs.]
Sie hat Fieber.	**Sy het koors.** [saj het koərs.]
Ich kann nicht atmen.	**Ek kan nie goed asemhaal nie.** [ɛk kan ni χut asemhãl ni.]
Ich kriege keine Luft.	**Ek is kortasem.** [ɛk is kortasem.]
Ich bin Asthmatiker.	**Ek is asmaties.** [ɛk is asmatis.]
Ich bin Diabetiker /Diabetikerin/	**Ek is diabeet.** [ɛk is diabeət.]

Ich habe Schlaflosigkeit.	**Ek kan nie slaap nie.** [ɛk kan ni slāp ni.]
Lebensmittelvergiftung	**voedselvergiftiging** [fudsəl·ferχiftəχiŋ]

Es tut hier weh.	**Dis seer hier.** [dis seər hir.]
Hilfe!	**Help!** [hɛlp!]
Ich bin hier!	**Ek is hier!** [ɛk is hir!]
Wir sind hier!	**Ons is hier!** [ɔŋs is hir!]
Bringen Sie mich hier raus!	**Kom kry my!** [kom kraj maj!]
Ich brauche einen Arzt.	**Ek het 'n dokter nodig.** [ɛk het ə doktər nodəχ.]
Ich kann mich nicht bewegen.	**Ek kan nie beweeg nie.** [ɛk kan ni beveeχ ni.]
Ich kann meine Beine nicht bewegen.	**Ek kan my bene nie beweeg nie.** [ɛk kan maj benə ni beveeχ ni.]

Ich habe eine Wunde.	**Ek het 'n wond.** [ɛk het ə vont.]
Ist es ernst?	**Is dit ernstig?** [is dit ernstəχ?]
Meine Dokumente sind in meiner Hosentasche.	**My dokumente is in my sak.** [maj dokumentə is in maj sak.]
Beruhigen Sie sich!	**Bedaar!** [bedār!]
Kann ich Ihr Telefon benutzen?	**Mag ek u telefoon gebruik?** [maχ ek u telefoən χebrœik?]

Rufen Sie einen Krankenwagen!	**Bel 'n ambulans!** [bel ə ambulaŋs!]
Es ist dringend!	**Dis dringend!** [dis driŋənd!]
Es ist ein Notfall!	**Dis 'n noodgeval!** [dis ə noədχefal!]
Schneller bitte!	**Maak gou asseblief!** [māk χæʊ asseblif!]
Können Sie bitte einen Arzt rufen?	**Kan u asseblief 'n dokter bel?** [kan u asseblif ə doktər bel?]
Wo ist das Krankenhaus?	**Waar is die hospitaal?** [vār is di hospitāl?]

Wie fühlen Sie sich?	**Hoe voel u?** [hu ful u?]
Ist bei Ihnen alles in Ordnung?	**Hoe gaan dit?** [hu χān dit?]
Was ist passiert?	**Wat het gebeur?** [vat het χebøər?]

Mir geht es schon besser.

Ek voel nou beter.
[ɛk ful næʊ betər.]

Es ist in Ordnung.

Dis OK.
[dis okej.]

Alles ist in Ordnung.

Dit gaan goed.
[dit χān χut.]

In der Apotheke

Apotheke	**apteek** [apteək]
24 Stunden Apotheke	**24 uur apteek** [fir-en-twintəχ ɪr apteək]
Wo ist die nächste Apotheke?	**Waar is die naaste apteek?** [vār is di nāstə apteək?]
Ist sie jetzt offen?	**Is hy nou oop?** [is haj næʊ oəp?]
Um wie viel Uhr öffnet sie?	**Hoe laat gaan hy oop?** [hu lāt χān haj oəp?]
Um wie viel Uhr schließt sie?	**Hoe laat sluit hy?** [hu lāt slœit haj?]
Ist es weit?	**Is dit ver?** [is dit fer?]
Kann ich dort zu Fuß hin gehen?	**Kan ek soontoe stap?** [kan ek soentu stap?]
Können Sie es mir auf der Karte ze gen?	**Kan u dit op die stadskaart aanwys?** [kan u dit op di statskārt ānwajs?]
Bitte geben sie mir etwas gegen …	**Gee my iets vir … asseblief** [χeə maj its fir … asseblif]
Kopfschmerzen	**koppyn** [koppajn]
Husten	**hoes** [hus]
eine Erkältung	**verkoudheid** [ferkæʊdhæjt]
die Grippe	**griep** [χrip]
Fieber	**koors** [koərs]
Magenschmerzen	**maagpyn** [māχpajn]
Übelkeit	**naarheid** [nārhæjt]
Durchfall	**diarree** [diarreə]
Verstopfung	**konstipasie** [konstipasi]
Rückenschmerzen	**rugpyn** [ruχpajn]

Brustschmerzen	**borspyn** [borspajn]
Seitenstechen	**steek in my sy** [steək in maj saj]
Bauchschmerzen	**pyn in my onderbuik** [pajn in maj ondərbœik]

Pille	**pil** [pil]
Salbe, Creme	**salf, room** [salf, roəm]
Sirup	**stroop** [stroəp]
Spray	**sproeier** [sprujer]
Tropfen	**druppels** [druppɛls]

Sie müssen ins Krankenhaus gehen.	**U moet hospitaal toe gaan.** [u mut hospitāl tu χān.]
Krankenversicherung	**siekteversekering** [siktə·fersekeriŋ]
Rezept	**voorskrif** [foərskrif]
Insektenschutzmittel	**insekmiddel** [insek·middəl]
Pflaster	**kleefverband** [kleəffər·bant]

Das absolute Minimum

Entschuldigen Sie bitte, …	**Verskoon my, …** [ferskoən maj, …]
Hallo.	**Hallo.** [hallo.]
Danke.	**Baie dankie.** [baje danki.]
Auf Wiedersehen.	**Totsiens.** [totsiŋs.]
Ja.	**Ja.** [ja.]
Nein.	**Nee.** [neə.]
Ich weiß nicht.	**Ek weet nie.** [ɛk veət ni.]
Wo? | Wohin? | Wann?	**Waar? | Waarheen? | Wanneer?** [vãr? | vãrheən? | vanneer?]

Ich brauche …	**Ek het … nodig** [ɛk het … nodəχ]
Ich möchte …	**Ek wil …** [ɛk vil …]
Haben Sie …?	**Het u …?** [het u …?]
Gibt es hier …?	**Is hier 'n …?** [is hir ə …?]
Kann ich …?	**Mag ek …?** [maχ ek …?]
Bitte (anfragen)	**… asseblief** [… asseblif]

Ich suche …	**Ek soek …** [ɛk suk …]
die Toilette	**toilet** [tojlet]
den Geldautomat	**OTM** [o·te·em]
die Apotheke	**apteek** [apteək]
das Krankenhaus	**hospitaal** [hospitãl]
die Polizeistation	**polisiekantoor** [polisi·kantoər]
die U-Bahn	**moltrein** [moltræjn]

das Taxi	**taxi** [taksi]
den Bahnhof	**stasie** [stasi]

Ich heiße …	**My naam is …** [maj nãm is …]
Wie heißen Sie?	**Wat is u naam?** [vat is u nãm?]
Helfen Sie mir bitte.	**Kan u my help, asseblief?** [kan u maj hɛlp, asseblif?]
Ich habe ein Problem.	**Ek het 'n probleem.** [ɛk het ə probleəm.]
Mir ist schlecht.	**Ek voel nie lekker nie.** [ɛk ful ni lɛkkər ni.]
Rufen Sie einen Krankenwagen!	**Bel 'n ambulans!** [bel ə ambulaŋs!]
Darf ich telefonieren?	**Kan ek 'n oproep maak?** [kan ɛk ə oprup mãk?]

Entschuldigung.	**Jammer.** [jammər.]
Keine Ursache.	**Plesier.** [plesir.]

ich	**Ek, my** [ek, maj]
du	**jy** [jaj]
er	**hy** [haj]
sie	**sy** [saj]
sie (Pl, Mask.)	**hulle** [hullə]
sie (Pl, Fem.)	**hulle** [hullə]
wir	**ons** [ɔŋs]
ihr	**julle** [jullə]
Sie	**u** [u]

EINGANG	**INGANG** [inχaŋ]
AUSGANG	**UITGANG** [œitχaŋ]
AUßER BETRIEB	**BUITE WERKING** [bœitə verkiŋ]
GESCHLOSSEN	**GESLUIT** [χeslœit]

OFFEN	**OOP** [oəp]
FÜR DAMEN	**DAMES** [dames]
FÜR HERREN	**MANS** [maŋs]

AKTUELLES VOKABULAR

Dieser Teil beinhaltet mehr als 3.000 der wichtigsten Wörter. Das Wörterbuch wird Ihnen wertvolle Unterstützung während Ihrer Reise bieten, weil einzelne, häufig benutzte Wörter genug sind, damit Sie verstanden werden.
Das Wörterbuch beinhaltet eine praktische Transkription jedes Fremdworts

T&P Books Publishing

INHALT WÖRTERBUCH

T&P Books Publishing

T&P BOOKS

GRUNDBEGRIFFE

T&P Books Publishing

1. Pronomen

ich	**ek, my**	[ɛk], [maj]
du	**jy**	[jaj]
er	**hy**	[haj]
sie	**sy**	[saj]
es	**dit**	[dit]
wir	**ons**	[ɔŋs]
ihr	**julle**	[jullə]
Sie (Sg.)	**u**	[u]
Sie (pl)	**u**	[u]
sie	**hulle**	[hullə]

2. Grüße. Begrüßungen

Hallo! (ugs.)	**Hallo!**	[hallo!]
Hallo! (Amtsspr.)	**Hallo!**	[hallo!]
Guten Morgen!	**Goeie môre!**	[χuje mɔrə!]
Guten Tag!	**Goeiemiddag!**	[χuje·middaχ!]
Guten Abend!	**Goeienaand!**	[χuje·nãnt!]
grüßen (vi, vt)	**dagsê**	[daχsɛ:]
Hallo! (ugs.)	**Hallo!**	[hallo!]
Gruß (m)	**groet**	[χrut]
begrüßen (vt)	**groet**	[χrut]
Wie geht's?	**Hoe gaan dit?**	[hu χãn dit?]
Wie geht es Ihnen?	**Hoe gaan dit?**	[hu χãn dit?]
Was gibt es Neues?	**Hoe gaan dit?**	[hu χãn dit?]
Auf Wiedersehen!	**Totsiens!**	[totsiŋs!]
Wiedersehen! Tschüs!	**Koebaai!**	[kubãi!]
Bis bald!	**Totsiens!**	[totsiŋs!]
Lebe wohl!	**Mooi loop!**	[moj loəp!]
Leben Sie wohl!	**Vaarwel!**	[fãrwel!]
sich verabschieden	**afskeid neem**	[afskæjt neəm]
Tschüs!	**Koebaai!**	[kubãi!]
Danke!	**Dankie!**	[danki!]
Dankeschön!	**Baie dankie!**	[baje danki!]
Bitte (Antwort)	**Plesier**	[plesir]
Keine Ursache.	**Plesier!**	[plesir!]
Nichts zu danken.	**Plesier**	[plesir]

Entschuldigen Sie!	Verskoon my!	[ferskoən maj!]
Entschuldige!	Ekskuus!	[ɛkskɪs!]
entschuldigen (vt)	verskoon	[ferskoən]
sich entschuldigen	verskoning vra	[ferskoniŋ fra]
Verzeihung!	Verskoning	[ferskoniŋ]
Es tut mir leid!	Ek is jammer!	[ɛk is jammər!]
verzeihen (vt)	vergewe	[ferχevə]
Das macht nichts!	Maak nie saak nie!	[māk ni sāk ni!]
bitte (Die Rechnung, ~!)	asseblief	[asseblif]
Nicht vergessen!	Vergeet dit nie!	[ferχeet dit ni!]
Natürlich!	Beslis'	[beslis!]
Natürlich nicht!	Natuurlik nie!	[natɪrlik ni!]
Gut! Okay!	OK!	[okej!]
Es ist genug!	Dis genoeg!	[dis χenuχ!]

3. Fragen

Wer?	Wie?	[vi?]
Was?	Wat?	[vat?]
Wo?	Waar?	[vār?]
Wohin?	Waarheen?	[vārheən?]
Woher?	Waarvandaan?	[vārfandān?]
Wann?	Wanneer?	[vanneər?]
Wozu?	Hoekom?	[hukom?]
Warum?	Hoekom?	[hukom?]
Wofür?	Vir wat?	[fir vat?]
Wie?	Hoe?	[hu?]
Welcher?	Watter?	[vattər?]
Wem?	Vir wie?	[fir vi?]
Über wen?	Oor wie?	[oər vi?]
Wovon? (~ sprichst du?)	Oor wat?	[oər vat?]
Mit wem?	Met wie?	[met vi?]
Wie viel? Wie viele?	Hoeveel?	[hufeəl?]

4. Präpositionen

mit (Frau ~ Katzen)	met	[met]
ohne (~ Dich)	sonder	[sondər]
nach (~ London)	na	[na]
über	oor	[oər]
(~ Geschäfte sprechen)		
vor (z.B. ~ acht Uhr)	voor	[foər]
vor (z.B. ~ dem Haus)	voor ...	[foər ...]
unter (~ dem Schirm)	onder	[ondər]

über	oor	[oər]
(~ dem Meeresspiegel)		
auf (~ dem Tisch)	op	[op]
aus (z.B. ~ München)	uit	[œit]
aus (z.B. ~ Porzellan)	van	[fan]
in (~ zwei Tagen)	oor	[oər]
über (~ zaun)	oor	[oər]

5. Funktionswörter. Adverbien. Teil 1

Wo?	Waar?	[vār?]
hier	hier	[hir]
dort	daar	[dār]
irgendwo	êrens	[ǽrɛŋs]
nirgends	nêrens	[nǽrɛŋs]
an (bei)	by	[baj]
am Fenster	by	[baj]
Wohin?	Waarheen?	[vārheən?]
hierher	hier	[hir]
dahin	soontoe	[soentu]
von hier	hiervandaan	[hirfandān]
von da	daarvandaan	[dārfandān]
nah (Adv)	naby	[nabaj]
weit, fern (Adv)	ver	[fer]
in der Nähe von …	naby	[nabaj]
in der Nähe	naby	[nabaj]
unweit (~ unseres Hotels)	nie ver nie	[ni fər ni]
link (Adj)	linker-	[linkər-]
links (Adv)	op linkerhand	[op linkərhant]
nach links	na links	[na links]
recht (Adj)	regter	[reχtər]
rechts (Adv)	op regterhand	[op reχtərhant]
nach rechts	na regs	[na reχs]
vorne (Adv)	voor	[foər]
Vorder-	voorste	[foərstə]
vorwärts	vooruit	[foərœit]
hinten (Adv)	agter	[aχtər]
von hinten	van agter	[fan aχtər]
rückwärts (Adv)	agtertoe	[aχtərtu]
Mitte (f)	middel	[middəl]

in der Mitte	in die middel	[in di middəl]
seitlich (Adv)	op die sykant	[op di sajkant]
überall (Adv)	orals	[orals]
ringsherum (Adv)	orals rond	[orals ront]

von innen (Adv)	van binne	[fan binnə]
irgendwohin (Adv)	êrens	[ærɛŋs]
geradeaus (Adv)	reguit	[rɛхœit]
zurück (Adv)	terug	[teruх]

| irgendwoher (Adv) | êrens vandaan | [ærɛŋs fandān] |
| von irgendwo (Adv) | êrens vandaan | [ærɛŋs fancān] |

erstens	in die eerste plek	[in di eərstɛ plek]
zweitens	in die tweede plek	[in di tweədə plek]
drittens	in die derde plek	[in di derdə plek]

plötzlich (Adv)	skielik	[skilik]
zuerst (Adv)	aan die begin	[ān di beхin]
zum ersten Mal	vir die eerste keer	[fir di eərstə keər]
lange vor...	lank voordat ...	[lank foərdət ...]
von Anfang an	opnuut	[opnɪt]
für immer	vir goed	[fir хut]

nie (Adv)	nooit	[nojt]
wieder (Adv)	weer	[veər]
jetzt (Adv)	nou	[næʊ]
oft (Adv)	dikwels	[dikwɛls]
damals (Adv)	toe	[tu]
dringend (Adv)	dringend	[driŋən]
gewöhnlich (Adv)	gewoonlik	[хevoənlik]

übrigens, ...	terloops, ...	[terloəps], [...]
möglicherweise (Adv)	moontlik	[moentlik]
wahrscheinlich (Adv)	waarskynlik	[vārskajnlik]
vielleicht (Adv)	dalk	[dalk]
außerdem ...	trouens ...	[træʊɛŋs ...]
deshalb ...	dis hoekom ...	[dis hukom ...]
trotz ...	ondanks ...	[ondanks ...]
dank ...	danksy ...	[danksaj ...]

was (~ ist denn?)	wat	[vat]
das (~ ist alles)	dat	[dat]
etwas	iets	[its]
irgendwas	iets	[its]
nichts	niks	[niks]

wer (~ ist ~?)	wie	[vi]
jemand	iemand	[imant]
irgendwer	iemand	[imant]
niemand	niemand	[nimant]
nirgends	nêrens	[nærɛŋs]

| niemandes (~ Eigentum) | niemand se | [nimant sə] |
| jemandes | iemand se | [imant sə] |

so (derart)	so	[so]
auch	ook	[oək]
ebenfalls	ook	[oək]

6. Funktionswörter. Adverbien. Teil 2

| Warum? | Waarom? | [vãrom?] |
| weil … | omdat … | [omdat …] |

und	en	[ɛn]
oder	of	[of]
aber	maar	[mãr]
für (präp)	vir	[fir]

zu (~ viele)	te	[tə]
nur (~ einmal)	net	[net]
genau (Adv)	presies	[presis]
etwa	ongeveer	[onχəfeər]

ungefähr (Adv)	ongeveer	[onχəfeər]
ungefähr (Adj)	geraamde	[χerãmdə]
fast	amper	[ampər]
Übrige (n)	die res	[di res]

der andere	die ander	[di andər]
andere	ander	[andər]
jeder (~ Mann)	elke	[ɛlkə]
beliebig (Adj)	enige	[ɛniχə]
viel	baie	[baje]
viele Menschen	baie mense	[baje mɛŋsə]
alle (wir ~)	almal	[almal]

im Austausch gegen …	in ruil vir …	[in rœil fir …]
dafür (Adv)	as vergoeding	[as ferχudiŋ]
mit der Hand (Hand-)	met die hand	[met di hant]
schwerlich (Adv)	skaars	[skãrs]

wahrscheinlich (Adv)	waarskynlik	[vãrskajnlik]
absichtlich (Adv)	opsetlik	[opsetlik]
zufällig (Adv)	toevallig	[tufalləχ]

sehr (Adv)	baie	[baje]
zum Beispiel	byvoorbeeld	[bajfoərbeəlt]
zwischen	tussen	[tussən]
unter (Wir sind ~ Mördern)	tussen	[tussən]
so viele (~ Ideen)	so baie	[so baje]
besonders (Adv)	veral	[feral]

ZAHLEN. VERSCHIEDENES

T&P Books Publishing

null	**nul**	[nul]
eins	**een**	[eən]
zwei	**twee**	[tweə]
drei	**drie**	[dri]
vier	**vier**	[fir]
fünf	**vyf**	[fajf]
sechs	**ses**	[ses]
sieben	**sewe**	[sevə]
acht	**ag**	[aχ]
neun	**nege**	[neχə]
zehn	**tien**	[tin]
elf	**elf**	[ɛlf]
zwölf	**twaalf**	[twãlf]
dreizehn	**dertien**	[dertin]
vierzehn	**veertien**	[feərtin]
fünfzehn	**vyftien**	[fajftin]
sechzehn	**sestien**	[sestin]
siebzehn	**sewetien**	[sevətin]
achtzehn	**agtien**	[aχtin]
neunzehn	**negetien**	[neχetin]
zwanzig	**twintig**	[twintəχ]
einundzwanzig	**een-en-twintig**	[eən-en-twintəχ]
zweiundzwanzig	**twee-en-twintig**	[tweə-en-twintəχ]
dreiundzwanzig	**drie-en-twintig**	[dri-en-twintəχ]
dreißig	**dertig**	[dertəχ]
einunddreißig	**een-en-dertig**	[eən-en-dertəχ]
zweiunddreißig	**twee-en-dertig**	[tweə-en-dertəχ]
dreiunddreißig	**drie-en-dertig**	[dri-en-dertəχ]
vierzig	**veertig**	[feərtəχ]
einundvierzig	**een-en-veertig**	[eən-en-feərtəχ]
zweiundvierzig	**twee-en-veertig**	[tweə-en-feərtəχ]
dreiundvierzig	**vier-en-veertig**	[fir-en-feərtəχ]
fünfzig	**vyftig**	[fajftəχ]
einundfünfzig	**een-en-vyftig**	[eən-en-fajftəχ]
zweiundfünfzig	**twee-en-vyftig**	[tweə-en-fajftəχ]
dreiundfünfzig	**drie-en-vyftig**	[dri-en-fajftəχ]
sechzig	**sestig**	[sestəχ]

einundsechzig	**een-er-sestig**	[eən-en-sestəχ]
zweiundsechzig	**twee-en-sestig**	[tweə-en-sestəχ]
dreiundsechzig	**drie-en-sestig**	[dri-en-sestəχ]
siebzig	**sewentig**	[seventəχ]
einundsiebzig	**een-en-sewentig**	[eən-en-seventəχ]
zweiundsiebzig	**twee-en-sewentig**	[tweə-en-seventəχ]
dreiundsiebzig	**drie-en-sewentig**	[dri-en-seventəχ]
achtzig	**tagtig**	[taχtəχ]
einundachtzig	**een-en-tagtig**	[eən-en-taχtəχ]
zweiundachtzig	**twee-en-tagtig**	[tweə-en-taχtəχ]
dreiundachtzig	**drie-en-tagtig**	[dri-en-taχtəχ]
neunzig	**negentig**	[neχentəχ]
einundneunzig	**een-en-negentig**	[eən-en-neχentəχ]
zweiundneunzig	**twee-en-negentig**	[tweə-en-neχentəχ]
dreiundneunzig	**drie-en-negentig**	[dri-en-neχentəχ]

8. Grundzahlen. Teil 2

einhundert	**honderd**	[hondərt]
zweihundert	**tweehonderd**	[tweə·hondərt]
dreihundert	**driehonderd**	[dri·hondərt]
vierhundert	**vierhonderd**	[fir·hondərt]
fünfhundert	**vyfhonderd**	[fajf·hondərt]
sechshundert	**seshonderd**	[ses·hondərt]
siebenhundert	**sewehonderd**	[seve·hondərt]
achthundert	**aghonderd**	[aχ·hondə·t]
neunhundert	**negehonderd**	[neχə·hondərt]
eintausend	**duisend**	[dœisent]
zweitausend	**tweeduisend**	[tweə·dœisent]
dreitausend	**drieduisend**	[dri·dœisent]
zehntausend	**tiendduisend**	[tin·dœisent]
hunderttausend	**honderdduisend**	[hondərt·dajsent]
Million (f)	**miljoen**	[miljun]
Milliarde (f)	**miljard**	[miljart]

9. Ordnungszahlen

der erste	**eerste**	[eərstə]
der zweite	**tweede**	[tweədə]
der dritte	**derde**	[derdə]
der vierte	**vierde**	[firdə]
der fünfte	**vyfde**	[fajfdə]
der sechste	**sesde**	[sesdə]

der siebte	**sewende**	[sevendə]
der achte	**agste**	[aχstə]
der neunte	**negende**	[neχendə]
der zehnte	**tiende**	[tində]

T&P BOOKS

FARBEN. MASSEINHEITEN

T&P Books Publishing

10. Farben

Farbe (f)	**kleur**	[kløər]
Schattierung (f)	**skakering**	[skakerɪŋ]
Farbton (m)	**tint**	[tint]
Regenbogen (m)	**reënboog**	[reɛn·boəχ]
weiß	**wit**	[vit]
schwarz	**swart**	[swart]
grau	**grys**	[χrajs]
grün	**groen**	[χrun]
gelb	**geel**	[χeəl]
rot	**rooi**	[roj]
blau	**blou**	[blæʊ]
hellblau	**ligblou**	[liχ·blæʊ]
rosa	**pienk**	[pink]
orange	**oranje**	[oranje]
violett	**pers**	[pers]
braun	**bruin**	[brœin]
golden	**goue**	[χæʊə]
silbrig	**silweragtig**	[silweraχtəχ]
beige	**beige**	[bɛ:iʒ]
cremefarben	**roomkleurig**	[roəm·kløərəχ]
türkis	**turkoois**	[turkojs]
kirschrot	**kersierooi**	[kersi·roj]
lila	**lila**	[lila]
himbeerrot	**karmosyn**	[karmosajn]
hell	**lig**	[liχ]
dunkel	**donker**	[donkər]
grell	**helder**	[hɛldər]
Farb- (z.B. -stifte)	**kleurig**	[kløərəχ]
Farb- (z.B. -film)	**kleur**	[kløər]
schwarz-weiß	**swart-wit**	[swart-wit]
einfarbig	**effe**	[ɛffə]
bunt	**veelkleurig**	[feəlkløərəχ]

11. Maßeinheiten

Gewicht (n)	**gewig**	[χevəχ]
Länge (f)	**lengte**	[leŋtə]

Breite (f)	breedte	[breədtə]
Höhe (f)	hoogte	[hoəχtə]
Tiefe (f)	diepte	[diptə]
Volumen (n)	volume	[folumə]
Fläche (f)	area	[area]
Gramm (n)	gram	[χram]
Milligramm (n)	milligram	[milliχram]
Kilo (n)	kilogram	[kiloχram]
Tonne (f)	ton	[ton]
Pfund (n)	pond	[pont]
Unze (f)	ons	[ɔŋs]
Meter (m)	meter	[metər]
Millimeter (m)	millimeter	[millimetər]
Zentimeter (m)	sentimeter	[sentimetər]
Kilometer (m)	kilometer	[kilometər]
Meile (f)	myl	[majl]
Zoll (m)	duim	[dœim]
Fuß (m)	voet	[fut]
Yard (n)	jaart	[jãrt]
Quadratmeter (m)	vierkante meter	[firkantə metər]
Hektar (n)	hektaar	[hektãr]
Liter (m)	liter	[litər]
Grad (m)	graad	[χrãt]
Volt (n)	volt	[folt]
Ampere (n)	ampère	[ampɛ:r]
Pferdestärke (f)	perdekrag	[perdə·kraχ]
Anzahl (f)	hoeveelheid	[hufeəlhæjt]
Hälfte (f)	helfte	[hɛlftə]
Dutzend (n)	dosyn	[dosajn]
Stück (n)	stuk	[stuk]
Größe (f)	grootte	[χroəttə˙
Maßstab (m)	skaal	[skãl]
minimal (Adj)	min maal	[minimãl]
der kleinste	die kleinste	[di klæjnstə]
mittler, mittel-	medium	[medium]
maximal (Adj)	maksimaal	[maksimãl]
der größte	die grootste	[di χroətstə]

12. Behälter

Glas (Einmachglas)	glaspot	[χlas·pɔt]
Dose (z.B. Bierdose)	blikkie	[blikki]

Eimer (m)	emmer	[ɛmmər]
Fass (n), Tonne (f)	drom	[drom]
Waschschüssel (n)	wasbak	[vas·bak]
Tank (m)	tenk	[tɛnk]
Flachmann (m)	heupfles	[høəp·fles]
Kanister (m)	petrolblik	[petrol·blik]
Zisterne (f)	tenk	[tɛnk]
Kaffeebecher (m)	beker	[bekər]
Tasse (f)	koppie	[koppi]
Untertasse (f)	piering	[piriŋ]
Wasserglas (n)	glas	[χlas]
Weinglas (n)	wynglas	[vajn·χlas]
Kochtopf (m)	soppot	[sop·pot]
Flasche (f)	bottel	[bottəl]
Flaschenhals (m)	nek	[nek]
Karaffe (f)	kraffie	[kraffi]
Tonkrug (m)	kruik	[krœik]
Gefäß (n)	houer	[hæʊər]
Tontopf (m)	pot	[pot]
Vase (f)	vaas	[fās]
Flakon (n)	bottel	[bottəl]
Fläschchen (n)	botteltjie	[bottɛlki]
Tube (z.B. Zahnpasta)	buisie	[bœisi]
Sack (~ Kartoffeln)	sak	[sak]
Tüte (z.B. Plastiktüte)	sak	[sak]
Schachtel (z.B. Zigaretten~)	pakkie	[pakki]
Karton (z.B. Schuhkarton)	kartondoos	[karton·doəs]
Kiste (z.B. Bananenkiste)	krat	[krat]
Korb (m)	mandjie	[mandʒi]

DIE WICHTIGSTEN VERBEN

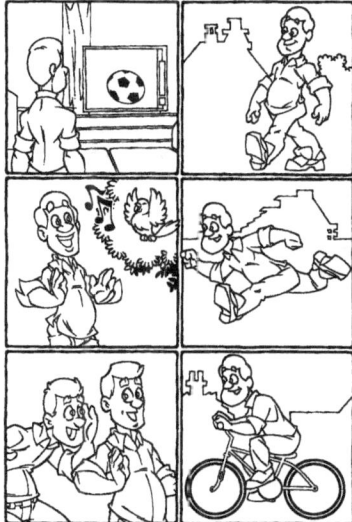

T&P Books Publishing

13. Die wichtigsten Verben. Teil 1

abbiegen (nach links ~)	draai	[drãi]
abschicken (vt)	stuur	[stɪr]
ändern (vt)	verander	[ferandər]
Angst haben	bang wees	[baŋ veəs]
ankommen (vi)	aankom	[ãnkom]
antworten (vi)	antwoord	[antwoərt]
arbeiten (vi)	werk	[verk]
auf ... zählen	reken op ...	[reken op ...]
aufbewahren (vt)	bewaar	[bevãr]
aufschreiben (vt)	opskryf	[opskrajf]
ausgehen (vi)	uitgaan	[œitχãn]
aussprechen (vt)	uitspreek	[œitspreək]
bedauern (vt)	jammer wees	[jammər veəs]
bedeuten (vt)	beteken	[betekən]
beenden (vt)	klaarmaak	[klãrmãk]
befehlen (Milit.)	beveel	[befeəl]
befreien (Stadt usw.)	bevry	[befraj]
beginnen (vt)	begin	[beχin]
bemerken (vt)	raaksien	[rãksin]
beobachten (vt)	waarneem	[vãrneəm]
berühren (vt)	aanraak	[ãnrãk]
besitzen (vt)	besit	[besit]
besprechen (vt)	bespreek	[bespreək]
bestehen auf	aandring	[ãndriŋ]
bestellen (im Restaurant)	bestel	[bestəl]
bestrafen (vt)	straf	[straf]
beten (vi)	bid	[bit]
bitten (vt)	vra	[fra]
brechen (vt)	breek	[breək]
denken (vi, vt)	dink	[dink]
drohen (vi)	dreig	[dræjχ]
Durst haben	dors wees	[dors veəs]
einladen (vt)	uitnooi	[œitnoj]
einstellen (vt)	ophou	[ophæʊ]
einwenden (vt)	beswaar maak	[beswãr mãk]
empfehlen (vt)	aanbeveel	[ãnbefeəl]
erklären (vt)	verduidelik	[ferdœidəlik]
erlauben (vt)	toestaan	[tustãn]

ermorden (vt)	doodmaak	[doədmāk]
erwähnen (vt)	verwys na	[ferwajs na]
existieren (vi)	bestaan	[bestān]

14. Die wichtigsten Verben. Teil 2

fallen (vi)	val	[fal]
fallen lassen	laat val	[lāt fal]
fangen (vt)	vang	[faŋ]
finden (vt)	vind	[fint]
fliegen (vi)	vlieg	[fliχ]

folgen (Folge mir!)	volg ...	[folχ ...]
fortsetzen (vt)	aangaan	[ānχān]
fragen (vt)	vra	[fra]
frühstücken (vi)	ontbyt	[ontbajt]
geben (vt)	gee	[χeə]

gefallen (vi)	hou van	[hæʊ fan]
gehen (zu Fuß gehen)	gaan	[χān]
gehören (vi)	behoort aan ...	[behoərt ān ...]
graben (vt)	grawe	[χravə]

haben (vt)	hê	[hɛ:]
helfen (vi)	help	[hɛlp]
herabsteigen (vi)	afkom	[afkom]
hereinkommen (vi)	binnegaan	[binnəχān]

hoffen (vi)	hoop	[hoəp]
hören (vt)	hoor	[hoər]
hungrig sein	honger wees	[honər veəs]
informieren (vt)	in kennis stel	[in kɛnnis stəl]
jagen (vi)	jag	[jaχ]

kennen (vt)	ken	[ken]
klagen (vi)	kla	[kla]
können (v mod)	kan	[kan]
kontrollieren (vt)	kontroleer	[kontroleər]
kosten (vt)	kos	[kos]

kränken (vt)	beledig	[beledəχ]
lächeln (vi)	glimlag	[χlimlaχ]
lachen (vi)	lag	[laχ]
laufen (vi)	hardloop	[hardloəp]
leiten (Betrieb usw.)	beheer	[beheər]

lernen (vt)	studeer	[studeər]
lesen (vi, vt)	lees	[leəs]
lieben (vt)	liefhê	[lifhɛ:]
machen (vt)	doen	[dun]

mieten (Haus usw.)	**huur**	[hɪr]
nehmen (vt)	**vat**	[fat]
noch einmal sagen	**herhaal**	[herhāl]
nötig sein	**nodig wees**	[nodəχ veəs]
öffnen (vt)	**oopmaak**	[oəpmāk]

15. Die wichtigsten Verben. Teil 3

planen (vt)	**beplan**	[beplan]
prahlen (vi)	**spog**	[spoχ]
raten (vt)	**aanraai**	[ānrāi]
rechnen (vt)	**tel**	[təl]
reservieren (vt)	**bespreek**	[bespreək]
retten (vt)	**red**	[ret]
richtig raten (vt)	**raai**	[rāi]
rufen (um Hilfe ~)	**roep**	[rup]
sagen (vt)	**sê**	[sɛ:]
schaffen	**skep**	[skep]
(Etwas Neues zu ~)		
schelten (vt)	**uitvaar teen**	[œitfār teən]
schießen (vi)	**skiet**	[skit]
schmücken (vt)	**versier**	[fersir]
schreiben (vi, vt)	**skryf**	[skrajf]
schreien (vi)	**skreeu**	[skriʊ]
schweigen (vi)	**stilbly**	[stilblaj]
schwimmen (vi)	**swem**	[swem]
schwimmen gehen	**gaan swem**	[χān swem]
sehen (vi, vt)	**sien**	[sin]
sein (vi)	**wees**	[veəs]
sich beeilen	**opskud**	[opskut]
sich entschuldigen	**verskoning vra**	[ferskoniŋ fra]
sich interessieren	**belangstel in ...**	[belaŋstəl in ...]
sich setzen	**gaan sit**	[χān sit]
sich weigern	**weier**	[væejer]
spielen (vi, vt)	**speel**	[speəl]
sprechen (vi)	**praat**	[prāt]
staunen (vi)	**verbaas wees**	[ferbās veəs]
stehlen (vt)	**steel**	[steəl]
stoppen (vt)	**stilhou**	[stilhæʊ]
suchen (vt)	**soek ...**	[suk ...]

16. Die wichtigsten Verben. Teil 4

täuschen (vt)	bedrieg	[bedrəx]
teilnehmen (vi)	deelneem	[deəlneəm]
übersetzen (Buch usw.)	vertaal	[fertāl]
unterschätzen (vt)	onderskat	[ondərskat]
unterschreiben (vt)	teken	[tekən]
vereinigen (vt)	verenig	[ferenəx]
vergessen (vt)	vergeet	[ferχeet]
vergleichen (vt)	vergelyk	[ferχəlajk]
verkaufen (vt)	verkoop	[ferkoəp]
verlangen (vt)	eis	[æjs]
versäumen (vt)	bank	[bank]
versprechen (vt)	beloof	[beloəf]
verstecken (vt)	wegsteek	[veχsteək]
verstehen (vt)	verstaan	[ferstān]
versuchen (vt)	probeer	[probeər]
verteidigen (vt)	verdedig	[ferdedəx]
vertrauen (vi)	vertrou	[fertræʊ]
verwechseln (vt)	verwar	[ferwar]
verzeihen (vi, vt)	verskoon	[ferskoərı]
verzeihen (vt)	vergewe	[ferχevə]
voraussehen (vt)	voorsien	[foərsin]
vorschlagen (vt)	voorstel	[foərstəl]
vorziehen (vt)	verkies	[ferkis]
wählen (vt)	kies	[kis]
warnen (vt)	waarsku	[vārsku]
warten (vi)	wag	[vaχ]
weinen (vi)	huil	[hœil]
wissen (vt)	weet	[veət]
Witz machen	grappies maak	[χrappis māk]
wollen (vt)	wil	[vil]
zahlen (vt)	betaal	[betāl]
zeigen (jemandem etwas)	wys	[vajs]
zu Abend essen	aandete gebruik	[āndetə χebrœik]
zu Mittag essen	gaan eet	[χān eət]
zubereiten (vt)	kook	[koək]
zustimmen (vi)	saamstem	[sāmstəm]
zweifeln (vi)	twyfel	[twajfə]

T&P BOOKS

ZEIT. KALENDER

T&P Books Publishing

Montag (m)	Maandag	[māndaχ]
Dienstag (m)	Dinsdag	[dinsdaχ]
Mittwoch (m)	Woensdag	[voɛŋsdaχ]
Donnerstag (m)	Donderdag	[dondərdaχ]
Freitag (m)	Vrydag	[frajdaχ]
Samstag (m)	Saterdag	[satərdaχ]
Sonntag (m)	Sondag	[sondaχ]

heute	vandag	[fandaχ]
morgen	môre	[mɔrə]
übermorgen	oormôre	[oərmɔrə]
gestern	gister	[χistər]
vorgestern	eergister	[eərχistər]

Tag (m)	dag	[daχ]
Arbeitstag (m)	werksdag	[verks·daχ]
Feiertag (m)	openbare vakansiedag	[openbarə fakaŋsi·daχ]
freier Tag (m)	verlofdag	[ferlofdaχ]
Wochenende (n)	naweek	[naveək]

den ganzen Tag	die hele dag	[di helə daχ]
am nächsten Tag	die volgende dag	[di folχendə daχ]
zwei Tage vorher	twee dae gelede	[tweə daə χeledə]
am Vortag	die dag voor	[di daχ foər]
täglich (Adj)	daeliks	[daeliks]
täglich (Adv)	elke dag	[ɛlkə daχ]

Woche (f)	week	[veək]
letzte Woche	laas week	[lās veək]
nächste Woche	volgende week	[folχendə veək]
wöchentlich (Adj)	weekliks	[veəkliks]
wöchentlich (Adv)	weekliks	[veəkliks]
jeden Dienstag	elke Dinsdag	[ɛlkə dinsdaχ]

Morgen (m)	oggend	[oχent]
morgens	soggens	[soχɛŋs]
Mittag (m)	middag	[middaχ]
nachmittags	in die namiddag	[in di namiddaχ]
Abend (m)	aand	[ānt]
abends	saans	[sāŋs]

Nacht (f)	nag	[naχ]
nachts	snags	[snaχs]
Mitternacht (f)	middernag	[middərnaχ]
Sekunde (f)	sekonde	[sekondə]
Minute (f)	minuut	[minɪt]
Stunde (f)	uur	[ɪr]
eine halbe Stunde	n halfuur	[n halfɪr]
fünfzehn Minuten	vyftien minute	[fajftin minuːə]
Tag und Nacht	24 ure	[fir-en-twintəχ urə]
Sonnenaufgang (m)	sonop	[son·op]
Morgendämmerung (f)	daeraad	[daerāt]
früher Morgen (m)	elke oggend	[ɛlkə oχent]
Sonnenuntergang (m)	sononder	[son·ondər]
früh am Morgen	vroegdag	[fruχdaχ]
heute Morgen	vanmôre	[fanmɔrə]
morgen früh	môreggend	[mɔrə·oχent]
heute Mittag	vanmiddag	[fanmiddaχ]
nachmittags	in die namiddag	[in di namiddaχ]
morgen Nachmittag	môremiddag	[mɔrə·middaχ]
heute Abend	vanaand	[fanānt]
morgen Abend	môreaand	[mɔrə·ānt]
Punkt drei Uhr	kokslag 3 uur	[klokslaχ dri ɪr]
gegen vier Uhr	omstreeks 4 uur	[omstreeks fir ɪr]
um zwölf Uhr	teen 12 uur	[teen twalf ɪr]
in zwanzig Minuten	oor twintig minute	[oər twintəχ minutə]
rechtzeitig (Adv)	betyds	[betajds]
Viertel vor …	kwart voor …	[kwart foər …]
alle fünfzehn Minuten	elke 15 minute	[ɛlkə fajftin minutə]
Tag und Nacht	24 uur per dag	[fir-en-twintəχ pər daχ]

19. Monate. Jahreszeiten

Januar (m)	Januarie	[januari]
Februar (m)	Februarie	[februari]
März (m)	Maart	[mārt]
April (m)	April	[april]
Mai (m)	Mei	[mæj]
Juni (m)	Junie	[juni]
Juli (m)	Julie	[juli]
August (m)	Augustus	[ouχustus]
September (m)	September	[septembər]

Oktober (m)	**Oktober**	[oktobər]
November (m)	**November**	[nofembər]
Dezember (m)	**Desember**	[desembər]
Frühling (m)	**lente**	[lentə]
im Frühling	**in die lente**	[in di lentə]
Frühlings-	**lente-**	[lente-]
Sommer (m)	**somer**	[somər]
im Sommer	**in die somer**	[in di somər]
Sommer-	**somerse**	[somersə]
Herbst (m)	**herfs**	[herfs]
im Herbst	**in die herfs**	[in di herfs]
Herbst-	**herfsagtige**	[herfsaχtiχə]
Winter (m)	**winter**	[vintər]
im Winter	**in die winter**	[in di vintər]
Winter-	**winter-**	[vintər-]
Monat (m)	**maand**	[mānt]
in diesem Monat	**hierdie maand**	[hirdi mānt]
nächsten Monat	**volgende maand**	[folχendə mānt]
letzten Monat	**laasmaand**	[lāsmānt]
in zwei Monaten	**oor twe maande**	[oər twe māndə]
monatlich (Adj)	**maandeliks**	[māndəliks]
monatlich (Adv)	**maandeliks**	[māndəliks]
jeden Monat	**elke maand**	[ɛlkə mānt]
Jahr (n)	**jaar**	[jār]
dieses Jahr	**hierdie jaar**	[hirdi jār]
nächstes Jahr	**volgende jaar**	[folχendə jār]
voriges Jahr	**laasjaar**	[lāʃār]
in zwei Jahren	**binne twee jaar**	[binnə tweə jār]
jedes Jahr	**elke jaar**	[ɛlkə jār]
jährlich (Adj)	**jaarliks**	[jārliks]
jährlich (Adv)	**jaarliks**	[jārliks]
viermal pro Jahr	**4 keer per jaar**	[fir keər pər jār]
Datum (heutige ~)	**datum**	[datum]
Datum (Geburts-)	**datum**	[datum]
Kalender (m)	**kalender**	[kalendər]
Halbjahr (n)	**ses maande**	[ses māndə]
Saison (f)	**seisoen**	[sæjsun]
Jahrhundert (n)	**eeu**	[iʊ]

BOOKS

T&P

REISEN. HOTEL

USD CAD
EUR CHF
JPY HKD
GBP CNY

RECEPTION

T&P Books Publishing

20. Ausflug. Reisen

Tourismus (m)	**toerisme**	[turismə]
Tourist (m)	**toeris**	[turis]
Reise (f)	**reis**	[ræjs]
Abenteuer (n)	**avontuur**	[afontɪr]
Fahrt (f)	**reis**	[ræjs]
Urlaub (m)	**vakansie**	[fakaŋsi]
auf Urlaub sein	**met vakansie wees**	[met fakaŋsi veəs]
Erholung (f)	**rus**	[rus]
Zug (m)	**trein**	[træjn]
mit dem Zug	**per trein**	[pər træjn]
Flugzeug (n)	**vliegtuig**	[fliχtœiχ]
mit dem Flugzeug	**per vliegtuig**	[pər fliχtœiχ]
mit dem Auto	**per motor**	[pər motor]
mit dem Schiff	**per skip**	[pər skip]
Gepäck (n)	**bagasie**	[baχasi]
Koffer (m)	**tas**	[tas]
Gepäckwagen (m)	**bagasiekarretjie**	[baχasi·karrəki]
Pass (m)	**paspoort**	[paspoərt]
Visum (n)	**visum**	[fisum]
Fahrkarte (f)	**kaartjie**	[kãrki]
Flugticket (n)	**lugkaartjie**	[luχ·kãrki]
Reiseführer (m)	**reisgids**	[ræjsχids]
Landkarte (f)	**kaart**	[kãrt]
Gegend (f)	**gebied**	[χebit]
Ort (wunderbarer ~)	**plek**	[plek]
Exotika (pl)	**eksotiese dinge**	[ɛksotisə diŋə]
exotisch	**eksoties**	[ɛksotis]
erstaunlich (Adj)	**verbasend**	[ferbasent]
Gruppe (f)	**groep**	[χrup]
Ausflug (m)	**uitstappie**	[œitstappi]
Reiseleiter (m)	**gids**	[χids]

21. Hotel

Hotel (n), Gasthaus (n)	**hotel**	[hotəl]
Motel (n)	**motel**	[motəl]

drei Sterne	drie-ster	[dri-stər]
fünf Sterne	vyf-ster	[fajf-stər]
absteigen (vi)	oornag	[oərnaχ]

Hotelzimmer (n)	kamer	[kamər]
Einzelzimmer (n)	enkelkamer	[ɛnkəl·kamər]
Zweibettzimmer (n)	dubbelkamer	[dubbəl·kamər]

| Halbpension (f) | met aandete, bed en ontbyt | [met āndetə], [bet en ontbajt] |
| Vollpension (f) | volle losies | [follə losis] |

mit Bad	met bad	[met bat]
mit Dusche	met stortbad	[met stort·bat]
Satellitenfernsehen (n)	satelliet-TV	[satɛllit-te·fe]
Klimaanlage (f)	lugversorger	[luχfersorχər]
Handtuch (n)	handdoek	[handduk]
Schlüssel (m)	sleutel	[sløətəl]

Verwalter (m)	bestuurder	[bestɪrdər]
Zimmermädchen (n)	kamermeisie	[kamər·mæjsi]
Träger (m)	hoteljoggie	[hotəl·joχi]
Portier (m)	portier	[portir]

Restaurant (n)	restaurant	[restourant]
Bar (f)	kroeg	[kruχ]
Frühstück (n)	ontbyt	[ontbajt]
Abendessen (n)	aandete	[āndetə]
Buffet (n)	buffetete	[buffetetə]

| Foyer (n) | voorportaal | [foer·portāl] |
| Aufzug (m), Fahrstuhl (m) | hysbak | [hajsbak] |

| BITTE NICHT STÖREN! | MOENIE STEUR NIE | [muni støer ni] |
| RAUCHEN VERBOTEN! | ROOK VERBODE | [roek ferbodə] |

22. Sehenswürdigkeiten

Denkmal (n)	monument	[monument]
Festung (f)	fort	[fort]
Palast (m)	paleis	[palæjs]
Schloss (n)	kasteel	[kasteel]
Turm (m)	toring	[toriŋ]
Mausoleum (n)	mausoleum	[mousoløəm]

Architektur (f)	argitektuur	[arχitektɪr]
mittelalterlich	Middeleeus	[middeliʊs]
alt (antik)	oud	[æʊt]
national	nasionaal	[naʃonāl]
berühmt	bekend	[bekenː]

Tourist (m)	**toeris**	[turis]
Fremdenführer (m)	**gids**	[xids]
Ausflug (m)	**uitstappie**	[œitstappi]
zeigen (vt)	**wys**	[vajs]
erzählen (vt)	**vertel**	[fertəl]
finden (vt)	**vind**	[fint]
sich verlieren	**verdwaal**	[ferdwāl]
Karte (U-Bahn ~)	**kaart**	[kārt]
Karte (Stadt-)	**kaart**	[kārt]
Souvenir (n)	**aandenking**	[āndenkiŋ]
Souvenirladen (m)	**geskenkwinkel**	[xeskɛnk·vinkəl]
fotografieren (vt)	**fotografeer**	[fotoxrafeer]
sich fotografieren	**jou portret laat maak**	[jæʊ portret lāt māk]

T&P BOOKS

TRANSPORT

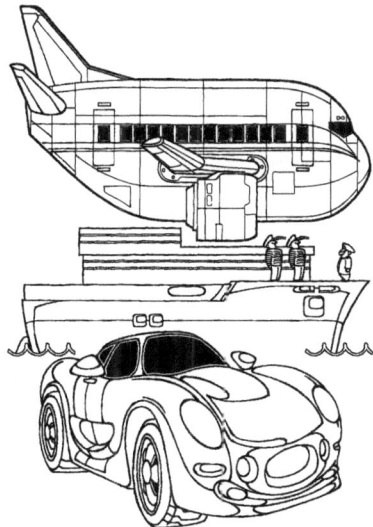

T&P Books Publishing

23. Flughafen

Flughafen (m)	**lughawe**	[luχhavə]
Flugzeug (n)	**vliegtuig**	[fliχtœiχ]
Fluggesellschaft (f)	**lugredery**	[luχrederaj]
Fluglotse (m)	**lugverkeersleier**	[luχ·ferkeərs·læjer]
Abflug (m)	**vertrek**	[fertrek]
Ankunft (f)	**aankoms**	[ānkoms]
anfliegen (vi)	**aankom**	[ānkom]
Abflugzeit (f)	**vertrektyd**	[fertrək·tajt]
Ankunftszeit (f)	**aankomstyd**	[ānkoms·tajt]
sich verspäten	**vertraag wees**	[fertrāχ veəs]
Abflugverspätung (f)	**vlugvertraging**	[fluχ·fertraχiŋ]
Anzeigetafel (f)	**informasiebord**	[informasi·bort]
Information (f)	**informasie**	[informasi]
ankündigen (vt)	**aankondig**	[ānkondəχ]
Flug (m)	**vlug**	[fluχ]
Zollamt (n)	**doeane**	[duanə]
Zollbeamter (m)	**doeanebeampte**	[duanə·beamptə]
Zolldeklaration (f)	**doeaneverklaring**	[duanə·ferklariŋ]
ausfüllen (vt)	**invul**	[inful]
Passkontrolle (f)	**paspoortkontrole**	[paspoərt·kontrolə]
Gepäck (n)	**bagasie**	[baχasi]
Handgepäck (n)	**handbagasie**	[hand·baχasi]
Kofferkuli (m)	**bagasiekarretjie**	[baχasi·karrəki]
Landung (f)	**landing**	[landiŋ]
Landebahn (f)	**landingsbaan**	[landiŋs·bān]
landen (vi)	**land**	[lant]
Fluggasttreppe (f)	**vliegtuigtrap**	[fliχtœiχ·trap]
Check-in (n)	**na die vertrektoonbank**	[na di fertrək·toənbank]
Check-in-Schalter (m)	**vertrektoonbank**	[fertrək·toənbank]
sich registrieren lassen	**na die vertrektoonbank gaan**	[na di fertrək·toənbank χān]
Bordkarte (f)	**instapkaart**	[instap·kārt]
Abfluggate (n)	**vertrekuitgang**	[fertrek·œitχaŋ]
Transit (m)	**transito**	[traŋsito]
warten (vi)	**wag**	[vaχ]

Wartesaal (m)	vertreksaal	[fertrək·sāl]
begleiten (vt)	afsien	[afsin]
sich verabschieden	afskeid neem	[afskæjt neəm]

24. Flugzeug

Flugzeug (n)	vliegtuig	[flixtœix]
Flugticket (n)	lugkaartjie	[lux·kārki]
Fluggesellschaft (f)	lugrecery	[luxrederaj]
Flughafen (m)	lughawe	[luxhavə]
Überschall-	supersonies	[supersonis]

Flugkapitän (m)	kaptein	[kaptæjn]
Besatzung (f)	bemanning	[bemanniŋ]
Pilot (m)	piloot	[piloət]
Flugbegleiterin (f)	lugwaardin	[lux·wārdir]
Steuermann (m)	navigator	[nafixator]

Flügel (pl)	vlerke	[flerkə]
Schwanz (m)	stert	[stert]
Kabine (f)	stuurkajuit	[stɪr·kajœit]
Motor (m)	enjin	[ɛndʒin]
Fahrgestell (n)	landingstel	[landiŋ·stəl]
Turbine (f)	turbine	[turbinə]

Propeller (m)	skroef	[skruf]
Flugschreiber (m)	swart boks	[swart boks]
Steuerrad (n)	stuurstang	[stɪr·staŋ]
Treibstoff (m)	brandstof	[brantstof]

Sicherheitskarte (f)	veiligheidskaart	[fæjlixæjts·kārt]
Sauerstoffmaske (f)	suurstofmasker	[sɪrstof·maskər]
Uniform (f)	uniform	[uniform]
Rettungsweste (f)	reddingsbaadjie	[rɛddiŋs·bādʒi]
Fallschirm (m)	valskerm	[fal·skerm]

Abflug, Start (m)	opstyging	[opstajxiŋ]
starten (vi)	opstyg	[opstajx]
Startbahn (f)	landingsbaan	[landiŋs·bān]

Sicht (f)	uitsig	[œitsəx]
Flug (m)	vlug	[flux]
Höhe (f)	hoogte	[hoəxtə]
Luftloch (n)	lugsak	[luxsak]

Platz (m)	sitplek	[sitplek]
Kopfhörer (m)	koptelefoon	[kop·telefoən]
Klapptisch (m)	voutafeltjie	[fæu·tafɛlki]
Bullauge (n)	vliegtuigvenster	[flixtœix·fɛnstər]
Durchgang (m)	paadjie	[pādʒi]

25. Zug

Zug (m)	**trein**	[træjn]
elektrischer Zug (m)	**voorstedelike trein**	[foərstedelikə træjn]
Schnellzug (m)	**sneltrein**	[snɛl·træjn]
Diesellok (f)	**diesellokomotief**	[disəl·lokomotif]
Dampflok (f)	**stoomlokomotief**	[stoəm·lokomotif]
Personenwagen (m)	**passasierswa**	[passasirs·wa]
Speisewagen (m)	**eetwa**	[eət·wa]
Schienen (pl)	**spoorstawe**	[spoər·stavə]
Eisenbahn (f)	**spoorweg**	[spoər·weχ]
Bahnschwelle (f)	**dwarslêer**	[dwarslɛər]
Bahnsteig (m)	**perron**	[perron]
Gleis (n)	**spoor**	[spoər]
Eisenbahnsignal (n)	**semafoor**	[semafoər]
Station (f)	**stasie**	[stasi]
Lokomotivführer (m)	**treindrywer**	[træjn·drajvər]
Träger (m)	**portier**	[portir]
Schaffner (m)	**kondukteur**	[konduktøər]
Fahrgast (m)	**passasier**	[passasir]
Fahrkartenkontrolleur (m)	**kondukteur**	[konduktøər]
Flur (m)	**gang**	[χaŋ]
Notbremse (f)	**noodrem**	[noədrem]
Abteil (n)	**kompartiment**	[kompartiment]
Liegeplatz (m), Schlafkoje (f)	**bed**	[bet]
oberer Liegeplatz (m)	**boonste bed**	[boəŋstə bet]
unterer Liegeplatz (m)	**onderste bed**	[ondərstə bet]
Bettwäsche (f)	**beddegoed**	[beddə·χut]
Fahrkarte (f)	**kaartjie**	[kãrki]
Fahrplan (m)	**diensrooster**	[diŋs·roəstər]
Anzeigetafel (f)	**informasiebord**	[informasi·bort]
abfahren (der Zug)	**vertrek**	[fertrek]
Abfahrt (f)	**vertrek**	[fertrek]
ankommen (der Zug)	**aankom**	[ãnkom]
Ankunft (f)	**aankoms**	[ãnkoms]
mit dem Zug kommen	**aankom per trein**	[ãnkom pər træjn]
in den Zug einsteigen	**in die trein klim**	[in di træjn klim]
aus dem Zug aussteigen	**uit die trein klim**	[œit di træjn klim]
Zugunglück (n)	**treinbotsing**	[træjn·botsiŋ]
entgleisen (vi)	**ontspoor**	[ontspoər]
Dampflok (f)	**stoomlokomotief**	[stoəm·lokomotief]

Heizer (m)	stoker	[stokər]
Feuerbüchse (f)	stookplek	[stoəkplek]
Kohle (f)	steenkool	[steən·koəl]

26. Schiff

| Schiff (n) | skip | [skip] |
| Fahrzeug (n) | vaartuig | [fãrtœix] |

Dampfer (m)	stoomboot	[stoəm·boə:]
Motorschiff (n)	rivierboot	[rifir·boət]
Kreuzfahrtschiff (n)	toerskip	[tur·skip]
Kreuzer (m)	kruiser	[krœisər]

Jacht (f)	jag	[jax]
Schlepper (m)	sleepboot	[sleəp·boət]
Lastkahn (m)	vragskuit	[frax·skœit]
Fähre (f)	veerboot	[feər·boət]

| Segelschiff (n) | seilskip | [sæjl·skip] |
| Brigantine (f) | skoene-brik | [skunər·brik] |

| Eisbrecher (m) | ysbreker | [ajs·brekər] |
| U-Boot (n) | duikboot | [dœik·boət] |

Boot (n)	roeiboot	[ruiboət]
Dingi (n), Beiboot (n)	bootjie	[boəki]
Rettungsboot (n)	reddingsboot	[rɛddiŋs·boət]
Motorboot (n)	motorboot	[motor·boət]

Kapitän (m)	kaptein	[kaptæjn]
Matrose (m)	seeman	[seəman]
Seemann (m)	matroos	[matroəs]
Besatzung (f)	bemanning	[bemanniŋ]

Bootsmann (m)	bootsman	[boətsman]
Schiffsjunge (m)	skeepsjonge	[skeəps·joŋə]
Schiffskoch (m)	kok	[kok]
Schiffsarzt (m)	skeepsdokter	[skeəps·doktər]

Deck (n)	dek	[dek]
Mast (m)	mas	[mas]
Segel (n)	seil	[sæjl]

Schiffsraum (m)	skeepsruim	[skeəps·rœim]
Bug (m)	boeg	[bux]
Heck (n)	agterstewe	[axtərstevə]
Ruder (n)	roeispaan	[ruis·pãn]
Schraube (f)	skroef	[skruf]
Kajüte (f)	kajuit	[kajœit]

Messe (f)	offisierskajuit	[offisirs·kajœit]
Maschinenraum (m)	enjinkamer	[ɛndʒin·kamər]
Kommandobrücke (f)	brug	[bruχ]
Funkraum (m)	radiokamer	[radio·kamər]
Radiowelle (f)	golf	[χolf]
Schiffstagebuch (n)	logboek	[loχbuk]
Fernrohr (n)	verkyker	[ferkajkər]
Glocke (f)	bel	[bəl]
Fahne (f)	vlag	[flaχ]
Seil (n)	kabel	[kabəl]
Knoten (m)	knoop	[knoəp]
Geländer (n)	dekleuning	[dek·løəniŋ]
Treppe (f)	gangplank	[χaŋ·plank]
Anker (m)	anker	[ankər]
den Anker lichten	anker lig	[ankər ləχ]
Anker werfen	anker uitgooi	[ankər œitχoj]
Ankerkette (f)	ankerketting	[ankər·kɛttiŋ]
Hafen (m)	hawe	[havə]
Anlegestelle (f)	kaai	[kãi]
anlegen (vi)	vasmeer	[fasmeər]
abstoßen (vt)	vertrek	[fertrek]
Reise (f)	reis	[ræjs]
Kreuzfahrt (f)	cruise	[kru:s]
Kurs (m), Richtung (f)	koers	[kurs]
Reiseroute (f)	roete	[rutə]
Fahrwasser (n)	vaarwater	[fār·vatər]
Untiefe (f)	sandbank	[sand·bank]
stranden (vi)	strand	[strant]
Sturm (m)	storm	[storm]
Signal (n)	sienjaal	[sinjāl]
untergehen (vi)	sink	[sink]
Mann über Bord!	Man oorboord!	[man oərboərd!]
SOS	SOS	[sos]
Rettungsring (m)	reddingsboei	[rɛddiŋs·bui]

T&p BOOKS

STADT

T&P Books Publishing

Bus (m)	**bus**	[bus]
Straßenbahn (f)	**trem**	[trem]
Obus (m)	**trembus**	[trembus]
Linie (f)	**busroete**	[bus·rutə]
Nummer (f)	**nommer**	[nommər]
mit … fahren	**ry per …**	[raj pər …]
einsteigen (vi)	**inklim**	[inklim]
aussteigen (aus dem Bus)	**uitklim …**	[œitklim …]
Haltestelle (f)	**halte**	[haltə]
nächste Haltestelle (f)	**volgende halte**	[folχendə haltə]
Endhaltestelle (f)	**eindpunt**	[æjnd·punt]
Fahrplan (m)	**diensrooster**	[diŋs·roəstər]
warten (vi, vt)	**wag**	[vaχ]
Fahrkarte (f)	**kaartjie**	[kãrki]
Fahrpreis (m)	**reistarief**	[ræjs·tarif]
Kassierer (m)	**kaartjieverkoper**	[kãrki·ferkopər]
Fahrkartenkontrolle (f)	**kaartjiekontrole**	[kãrki·kontrolə]
Fahrkartenkontrolleur (m)	**kontroleur**	[kontroløər]
sich verspäten	**laat wees**	[lãt veəs]
versäumen (Zug usw.)	**mis**	[mis]
sich beeilen	**haastig wees**	[hãstəχ veəs]
Taxi (n)	**taxi**	[taksi]
Taxifahrer (m)	**taxibestuurder**	[taksi·bestırdər]
mit dem Taxi	**per taxi**	[pər taksi]
Taxistand (m)	**taxistaanplek**	[taksi·stãnplek]
Straßenverkehr (m)	**verkeer**	[ferkeər]
Stau (m)	**verkeersknoop**	[ferkeərs·knoəp]
Hauptverkehrszeit (f)	**spitsuur**	[spits·ır]
parken (vi)	**parkeer**	[parkeər]
parken (vt)	**parkeer**	[parkeər]
Parkplatz (m)	**parkeerterrein**	[parkeər·terræjn]
U-Bahn (f)	**metro**	[metro]
Station (f)	**stasie**	[stasi]
mit der U-Bahn fahren	**die metro vat**	[di metro fat]
Zug (m)	**trein**	[træjn]
Bahnhof (m)	**treinstasie**	[træjn·stasi]

28. Stadt. Leben in der Stadt

Stadt (f)	stad	[stat]
Hauptstadt (f)	hoofstad	[hoəf·stat]
Dorf (n)	dorp	[dorp]
Stadtplan (m)	stadskaart	[stats·kārt]
Stadtzentrum (n)	sentrum	[sentrum]
Vorort (m)	voorstad	[foərstat]
Vorort-	voorstedelik	[foərstedelˈk]
Stadtrand (m)	buitewyke	[bœitəvajkə]
Umgebung (f)	omgewing	[omχeviŋ]
Stadtviertel (n)	stadswyk	[stats·wajk]
Wohnblock (m)	woonbuurt	[voənbɪrt]
Straßenverkehr (m)	verkeer	[ferkeər]
Ampel (f)	robot	[robot]
Stadtverkehr (m)	openbare vervoer	[openbarə ferfur]
Straßenkreuzung (f)	kruispunt	[krœis·puⁿt]
Übergang (m)	sebraoorgang	[sebra·oərχaŋ]
Fußgängerunterführung (f)	voetgangertonnel	[futχaŋər·tonnəl]
überqueren (vt)	oorsteek	[oərsteək]
Fußgänger (m)	voetganger	[futχaŋər]
Gehweg (m)	sypaadjie	[saj·pādʒi]
Brücke (f)	brug	[bruχ]
Kai (m)	wal	[val]
Springbrunnen (m)	fontein	[fontæjn]
Allee (f)	laning	[laniŋ]
Park (m)	park	[park]
Boulevard (m)	boulevard	[bulefar]
Platz (m)	plein	[plæjn]
Avenue (f)	laan	[lān]
Straße (f)	straat	[strāt]
Gasse (f)	systraat	[saj·strāt]
Sackgasse (f)	doodloopstraat	[doədloəp·strāt]
Haus (n)	huis	[hœis]
Gebäude (n)	gebou	[χebæʊ]
Wolkenkratzer (m)	wolkekrabber	[volkə·krabbər]
Fassade (f)	gewel	[χevəl]
Dach (n)	dak	[dak]
Fenster (n)	venster	[fɛŋster]
Bogen (m)	arkade	[arkadə]
Säule (f)	kolom	[kolom]
Ecke (f)	hoek	[huk]
Schaufenster (n)	uitstalraam	[œitstalrām]

Firmenschild (n)	reklamebord	[reklamə·bort]
Anschlag (m)	plakkaat	[plakkãt]
Werbeposter (m)	reklameplakkaat	[reklamə·plakkãt]
Werbeschild (n)	aanplakbord	[ãnplakbort]

Müll (m)	vullis	[fullis]
Mülleimer (m)	vullisbak	[fullis·bak]
Abfall wegwerfen	rommel strooi	[rommel stroj]
Mülldeponie (f)	vullishoop	[fullis·hoəp]

Telefonzelle (f)	telefoonhokkie	[telefoən·hokki]
Straßenlaterne (f)	lamppaal	[lamp·pãl]
Bank (Park-)	bank	[bank]

Polizist (m)	polisieman	[polisi·man]
Polizei (f)	polisie	[polisi]
Bettler (m)	bedelaar	[bedelãr]
Obdachlose (m)	daklose	[daklosə]

29. Innerstädtische Einrichtungen

Laden (m)	winkel	[vinkəl]
Apotheke (f)	apteek	[apteək]
Optik (f)	optisiën	[optisiɛn]
Einkaufszentrum (n)	winkelsentrum	[vinkəl·sentrum]
Supermarkt (m)	supermark	[supermark]

Bäckerei (f)	bakkery	[bakkeraj]
Bäcker (m)	bakker	[bakkər]
Konditorei (f)	banketbakkery	[banket·bakkeraj]
Lebensmittelladen (m)	kruidenierswinkel	[krœidenirs·vinkəl]
Metzgerei (f)	slagter	[slaχtər]

| Gemüseladen (m) | groentewinkel | [χruntə·vinkəl] |
| Markt (m) | mark | [mark] |

Kaffeehaus (n)	koffiekroeg	[koffi·kruχ]
Restaurant (n)	restaurant	[restɔurant]
Bierstube (f)	kroeg	[kruχ]
Pizzeria (f)	pizzeria	[pizzeria]

Friseursalon (m)	haarsalon	[hãr·salon]
Post (f)	poskantoor	[pos·kantoər]
chemische Reinigung (f)	droogskoonmakers	[droəχ·skoən·makers]
Fotostudio (n)	fotostudio	[foto·studio]

Schuhgeschäft (n)	skoenwinkel	[skun·vinkəl]
Buchhandlung (f)	boekhandel	[buk·handəl]
Sportgeschäft (n)	sportwinkel	[sport·vinkəl]
Kleiderreparatur (f)	klereherstelwinkel	[klerə·herstəl·vinkəl]

Bekleidungsverleih (m)	**klereverhuurwinkel**	[klerə·ferhɪr·vinkəl]
Videothek (f)	**videowinkel**	[video·vinkəl]
Zirkus (m)	**sirkus**	[sirkus]
Zoo (m)	**dieretuin**	[dirə·tœin]
Kino (n)	**bioskoop**	[bioskoəp]
Museum (n)	**museum**	[musøəm]
Bibliothek (f)	**biblioteek**	[biblioteək]
Theater (n)	**teater**	[teatər]
Opernhaus (n)	**opera**	[opera]
Nachtklub (m)	**nagklub**	[naχ·klup]
Kasino (n)	**kasino**	[kasino]
Moschee (f)	**moskee**	[moskeə]
Synagoge (f)	**sinagoge**	[sinaχoχə]
Kathedrale (f)	**katedraal**	[katedrãl]
Tempel (m)	**tempel**	[tempəl]
Kirche (f)	**kerk**	[kerk]
Institut (n)	**kollege**	[kolledʒ]
Universität (f)	**universiteit**	[unifersitæjt]
Schule (f)	**skool**	[skoəl]
Präfektur (f)	**stadhuis**	[stat·hœis]
Rathaus (n)	**stadhuis**	[stat·hœis]
Hotel (n)	**hotel**	[hotəl]
Bank (f)	**bank**	[bank]
Botschaft (f)	**ambassade**	[ambassadə]
Reisebüro (n)	**reisagentskap**	[ræjs·aχentskap]
Informationsbüro (n)	**inligtingskantoor**	[inliχtiŋs·kantoər]
Wechselstube (f)	**wisselkantoor**	[vissəl·kantoər]
U-Bahn (f)	**metro**	[metro]
Krankenhaus (n)	**hospitaal**	[hospitãl]
Tankstelle (f)	**petrolstasie**	[petrol·stasi]
Parkplatz (m)	**parkeerterrein**	[parkeər·terræjn]

30. Schilder

Firmenschild (n)	**reklamebord**	[reklamə·bort]
Aufschrift (f)	**kennisgewing**	[kɛnnis·χeviŋ]
Plakat (n)	**plakkaat**	[plakkãt]
Wegweiser (m)	**rigtingwyser**	[riχtiŋ·wajsər]
Pfeil (m)	**pyl**	[pajl]
Vorsicht (f)	**waarskuwing**	[vãrskuviŋ]
Warnung (f)	**waarskuwingsbord**	[vãrskuviŋs·bort]

warnen (vt)	**waarsku**	[vãrsku]
freier Tag (m)	**rusdag**	[rusdaχ]
Fahrplan (m)	**diensrooster**	[diŋs·roəstər]
Öffnungszeiten (pl)	**besigheidsure**	[besiχæjts·urə]
HERZLICH WILLKOMMEN!	**WELKOM!**	[vɛlkom!]
EINGANG	**INGANG**	[inχaŋ]
AUSGANG	**UITGANG**	[œitχaŋ]
DRÜCKEN	**STOOT**	[stoət]
ZIEHEN	**TREK**	[trek]
GEÖFFNET	**OOP**	[oəp]
GESCHLOSSEN	**GESLUIT**	[χeslœit]
DAMEN, FRAUEN	**DAMES**	[dames]
HERREN, MÄNNER	**MANS**	[maŋs]
AUSVERKAUF	**AFSLAG**	[afslaχ]
REDUZIERT	**UITVERKOPING**	[œitferkopiŋ]
NEU!	**NUUT!**	[nɪt!]
GRATIS	**GRATIS**	[χratis]
ACHTUNG!	**PAS OP!**	[pas op!]
ZIMMER BELEGT	**VOLBESPREEK**	[folbespreək]
RESERVIERT	**BESPREEK**	[bespreək]
VERWALTUNG	**ADMINISTRASIE**	[administrasi]
NUR FÜR PERSONAL	**SLEGS PERSONEEL**	[sleχs personeəl]
VORSICHT BISSIGER HUND	**PAS OP VIR DIE HOND!**	[pas op fir di hont!]
RAUCHEN VERBOTEN!	**ROOK VERBODE**	[roək ferbodə]
BITTE NICHT BERÜHREN	**NIE AANRAAK NIE!**	[ni ãnrãk ni!]
GEFÄHRLICH	**GEVAARLIK**	[χefãrlik]
VORSICHT!	**GEVAAR**	[χefãr]
HOCHSPANNUNG	**HOOGSPANNING**	[hoəχ·spanniŋ]
BADEN VERBOTEN	**NIE SWEM NIE**	[ni swem ni]
AUßER BETRIEB	**BUITE WERKING**	[bœitə verkiŋ]
LEICHTENTZÜNDLICH	**ONTVLAMBAAR**	[ontflambãr]
VERBOTEN	**VERBODE**	[ferbodə]
DURCHGANG VERBOTEN	**TOEGANG VERBODE!**	[tuχaŋ ferbode!]
FRISCH GESTRICHEN	**NAT VERF**	[nat ferf]

31. Shopping

kaufen (vt)	**koop**	[koəp]
Einkauf (m)	**aankoop**	[ãnkoəp]

einkaufen gehen	inkopies doen	[inkopis dun]
Einkaufen (n)	inkoop	[inkoəp]
offen sein (Laden)	oop wees	[oəp veəs]
zu sein	toe wees	[tu veəs]
Schuhe (pl)	skoeisel	[skuisəl]
Kleidung (f)	klere	[klerə]
Kosmetik (f)	kosmetika	[kosmetika]
Lebensmittel (pl)	voedingsware	[fudiŋs·warə]
Geschenk (n)	present	[present]
Verkäufer (m)	verkoper	[ferkopər]
Verkäuferin (f)	verkoopsdame	[ferkoəps·damə]
Kasse (f)	kassier	[kassir]
Spiegel (m)	spieël	[spiɛl]
Ladentisch (m)	toonbank	[toən·bank]
Umkleidekabine (f)	paskamer	[pas·kamər]
anprobieren (vt)	aanpas	[ānpas]
passen (Schuhe, Kleid)	pas	[pas]
gefallen (vi)	hou van	[hæʊ fan]
Preis (m)	prys	[prajs]
Preisschild (n)	pryskaartjie	[prajs·kārki]
kosten (vt)	kos	[kos]
Wie viel?	Hoeveel?	[hufeəl?]
Rabatt (m)	afslag	[afslaχ]
preiswert	billik	[billik]
billig	goedkoop	[χudkoəp]
teuer	duur	[dɪr]
Das ist teuer	dis duur	[dis dɪr]
Verleih (m)	verhuur	[ferhɪr]
leihen, mieten	verhuur	[ferhɪr]
(ein Auto usw.)		
Kredit (m), Darlehen (n)	krediet	[kredit]
auf Kredit	op krediet	[op kredit]

T&P BOOKS

KLEIDUNG & ACCESSOIRES

T&P Books Publishing

32. Oberbekleidung. Mäntel

Kleidung (f)	**klere**	[klerə]
Oberkleidung (f)	**oorklere**	[oərklerə]
Winterkleidung (f)	**winterklere**	[vintər·klerə]
Mantel (m)	**jas**	[jas]
Pelzmantel (m)	**pelsjas**	[pelʃas]
Pelzjacke (f)	**kort pelsjas**	[kort pelʃas]
Daunenjacke (f)	**donsjas**	[donʃas]
Jacke (z.B. Lederjacke)	**baadjie**	[bãdʒi]
Regenmantel (m)	**reënjas**	[rɛɛnjas]
wasserdicht	**waterdig**	[vatərdəχ]

33. Herren- & Damenbekleidung

Hemd (n)	**hemp**	[hemp]
Hose (f)	**broek**	[bruk]
Jeans (pl)	**denimbroek**	[denim·bruk]
Jackett (n)	**baadjie**	[bãdʒi]
Anzug (m)	**pak**	[pak]
Damenkleid (n)	**rok**	[rok]
Rock (m)	**romp**	[romp]
Bluse (f)	**bloes**	[blus]
Strickjacke (f)	**gebreide baadjie**	[χebræjdə bãdʒi]
Jacke (Damen Kostüm)	**baadjie**	[bãdʒi]
T-Shirt (n)	**T-hemp**	[te-hemp]
Shorts (pl)	**kortbroek**	[kort·bruk]
Sportanzug (m)	**sweetpak**	[sweət·pak]
Bademantel (m)	**badjas**	[batjas]
Schlafanzug (m)	**pajama**	[pajama]
Sweater (m)	**trui**	[trœi]
Pullover (m)	**trui**	[trœi]
Weste (f)	**onderbaadjie**	[ondər·bãdʒi]
Frack (m)	**swaelstertbaadjie**	[swaɛlstert·bãdʒi]
Smoking (m)	**aandpak**	[ãntpak]
Uniform (f)	**uniform**	[uniform]
Arbeitskleidung (f)	**werksklere**	[verks·klerə]

| Overall (m) | oorpak | [oərpak] |
| Kittel (z.B. Arztkittel) | jas | [jas] |

34. Kleidung. Unterwäsche

Unterwäsche (f)	onderklere	[ondərklere]
Herrenslip (m)	onderbroek	[ondərbruk]
Damenslip (m)	onderbroek	[ondərbruk]
Unterhemd (n)	frokkie	[frokki]
Socken (pl)	sokkies	[sokkis]

Nachthemd (n)	nagrok	[naχrok]
Büstenhalter (m)	bra	[bra]
Kniestrümpfe (pl)	kniekouse	[kni·kæʊsə]
Strumpfhose (f)	kousbroek	[kæʊsbruk]
Strümpfe (pl)	kouse	[kæʊsə]
Badeanzug (m)	baaikostuum	[bāj·kostɪm]

35. Kopfbekleidung

Mütze (f)	hoed	[hut]
Filzhut (m)	hoed	[hut]
Baseballkappe (f)	bofbalpet	[bofbal·pet]
Schiebermütze (f)	pet	[pet]

Baskenmütze (f)	mus	[mus]
Kapuze (f)	kap	[kap]
Panamahut (m)	panamahoed	[panama·hut]
Strickmütze (f)	gebreide mus	[χebræjdə mus]

| Kopftuch (n) | kopdoek | [kopduk] |
| Damenhut (m) | dameshoed | [dames·hut] |

Schutzhelm (m)	veiligheidshelm	[fæjliχæjts·hɛlm]
Feldmütze (f)	mus	[mus]
Helm	helmet	[hɛlmet]
(z.B. Motorradhelm)		

| Melone (f) | bolhoed | [bolhut] |
| Zylinder (m) | hoëhoed | [hoɛhut] |

36. Schuhwerk

Schuhe (pl)	skoeisel	[skuisəl]
Stiefeletten (pl)	mansskoene	[maŋs·skunə]
Halbschuhe (pl)	damesskoene	[dames·skunə]

Stiefel (pl)	laarse	[lārsə]
Hausschuhe (pl)	pantoffels	[pantoffəls]
Tennisschuhe (pl)	tennisskoene	[tɛnnis·skunə]
Leinenschuhe (pl)	tekkies	[tɛkkis]
Sandalen (pl)	sandale	[sandalə]

Schuster (m)	skoenmaker	[skun·makər]
Absatz (m)	hak	[hak]
Paar (n)	paar	[pār]

Schnürsenkel (m)	skoenveter	[skun·fetər]
schnüren (vt)	ryg	[rajχ]
Schuhlöffel (m)	skoenlepel	[skun·lepəl]
Schuhcreme (f)	skoenpolitoer	[skun·politur]

37. Persönliche Accessoires

Handschuhe (pl)	handskoene	[handskunə]
Fausthandschuhe (pl)	duimhandskoene	[dœim·handskunə]
Schal (Kaschmir-)	serp	[serp]

Brille (f)	bril	[bril]
Brillengestell (n)	raam	[rām]
Regenschirm (m)	sambreel	[sambreəl]
Spazierstock (m)	wandelstok	[vandəl·stok]
Haarbürste (f)	haarborsel	[hār·borsəl]
Fächer (m)	waaier	[vājer]
Krawatte (f)	das	[das]
Fliege (f)	strikkie	[strikki]
Hosenträger (pl)	kruisbande	[krœis·bandə]
Taschentuch (n)	sakdoek	[sakduk]

Kamm (m)	kam	[kam]
Haarspange (f)	haarspeld	[hārs·pɛlt]
Haarnadel (f)	haarpen	[hār·pen]
Schnalle (f)	gespe	[χespə]

| Gürtel (m) | belt | [bɛlt] |
| Umhängegurt (m) | skouerband | [skæʊer·bant] |

Tasche (f)	handsak	[hand·sak]
Handtasche (f)	beursie	[bøərsi]
Rucksack (m)	rugsak	[ruχsak]

38. Kleidung. Verschiedenes

| Mode (f) | mode | [modə] |
| modisch | in die mode | [in di modə] |

Modedesigner (m)	modeorntwerper	[modə·ontwerpər]
Kragen (m)	kraag	[krāχ]
Tasche (f)	sak	[sak]
Taschen-	sak-	[sak-]
Ärmel (m)	mou	[mæʊ]
Aufhänger (m)	lussie	[lussi]
Hosenschlitz (m)	gulp	[χulp]

Reißverschluss (m)	ritssluitər	[rits·slœitər]
Verschluss (m)	vasmakər	[fasmakər]
Knopf (m)	knoop	[knoəp]
Knopfloch (n)	knoopsgat	[knoəps·χat]
abgehen (Knopf usw.)	loskom	[loskom]

nähen (vi, vt)	naai	[nāi]
sticken (vt)	borduur	[bordɪr]
Stickerei (f)	borduurwerk	[bordɪr·werk]
Nadel (f)	naald	[nālt]
Faden (m)	garing	[χariŋ]
Naht (f)	soom	[soəm]

sich beschmutzen	vuil word	[fœil vort]
Fleck (m)	vlek	[flek]
sich knittern	kreukel	[krøəkəl]
zerreißen (vt)	skeur	[skøər]
Motte (f)	mot	[mot]

39. Kosmetikartikel. Kosmetik

Zahnpasta (f)	tandəpasta	[tandə·pasta]
Zahnbürste (f)	tandeborsel	[tandə·bɔrsəl]
Zähne putzen	tande borsel	[tandə bɔrsəl]

Rasierer (m)	skeermes	[skeər·məs]
Rasiercreme (f)	skeerroom	[skeər·roəm]
sich rasieren	skeer	[skeər]

| Seife (f) | seep | [seəp] |
| Shampoo (n) | sjampoe | [ʃampu] |

Schere (f)	skêr	[skær]
Nagelfeile (f)	naelvyl	[naɛl·fajl]
Nagelzange (f)	naelknipper	[naɛl·knippər]
Pinzette (f)	haartangetjie	[hārtaŋəki]

Kosmetik (f)	kosmetika	[kosmetika]
Gesichtsmaske (f)	gesigmasker	[χesiχ·maskər]
Maniküre (f)	manikuur	[manikɪr]
Maniküre machen	laat manikuur	[lāt manikɪr]
Pediküre (f)	voetbehandeling	[fut·behandeliŋ]

Kosmetiktasche (f)	**kosmetika tassie**	[kosmetika tassi]
Puder (m)	**gesigpoeier**	[χesiχ·pujer]
Puderdose (f)	**poeierdosie**	[pujer·dosi]
Rouge (n)	**blosser**	[blossər]

Parfüm (n)	**parfuum**	[parfɪm]
Duftwasser (n)	**reukwater**	[røək·vatər]
Lotion (f)	**vloeiroom**	[flui·roəm]
Kölnischwasser (n)	**reukwater**	[røək·vatər]

Lidschatten (m)	**oogskadu**	[oəχ·skadu]
Kajalstift (m)	**oogomlyner**	[oəχ·omlajnər]
Wimperntusche (f)	**maskara**	[maskara]

Lippenstift (m)	**lipstiffie**	[lip·stiffi]
Nagellack (m)	**naellak**	[naɛl·lak]
Haarlack (m)	**haarsproei**	[hārs·prui]
Deodorant (n)	**reukweermiddel**	[røək·veərmiddəl]

Creme (f)	**room**	[roəm]
Gesichtscreme (f)	**gesigroom**	[χesiχ·roəm]
Handcreme (f)	**handroom**	[hand·roəm]
Anti-Falten-Creme (f)	**antirimpelroom**	[antirimpəl·roəm]
Tagescreme (f)	**dagroom**	[daχ·roəm]
Nachtcreme (f)	**nagroom**	[naχ·roəm]
Tages-	**dag-**	[daχ-]
Nacht-	**nag-**	[naχ-]

Tampon (m)	**tampon**	[tampon]
Toilettenpapier (n)	**toiletpapier**	[tojlet·papir]
Föhn (m)	**haardroër**	[hār·droɛr]

40. Armbanduhren Uhren

Armbanduhr (f)	**polshorlosie**	[pols·horlosi]
Zifferblatt (n)	**wyserplaat**	[vajsər·plāt]
Zeiger (m)	**wyster**	[vajstər]
Metallarmband (n)	**metaal horlosiebandjie**	[metāl horlosi·bandʒi]
Uhrenarmband (n)	**horlosiebandjie**	[horlosi·bandʒi]
Batterie (f)	**battery**	[battəraj]
verbraucht sein	**pap wees**	[pap veəs]
vorgehen (vi)	**voorloop**	[foərloəp]
nachgehen (vi)	**agterloop**	[aχtərloəp]

Wanduhr (f)	**muurhorlosie**	[mɪr·horlosi]
Sanduhr (f)	**uurglas**	[ɪr·χlas]
Sonnenuhr (f)	**sonwyser**	[son·wajsər]
Wecker (m)	**wekker**	[vɛkkər]
Uhrmacher (m)	**horlosiemaker**	[horlosi·makər]
reparieren (vt)	**herstel**	[herstəl]

ALLTAGSERFAHRUNG

T&P Books Publishing

Geld (n)	geld	[χɛlt]
Austausch (m)	valutaruil	[faluta·rœil]
Kurs (m)	wisselkoers	[vissəl·kurs]
Geldautomat (m)	OTM	[o·te·em]
Münze (f)	muntstuk	[muntstuk]
Dollar (m)	dollar	[dollar]
Euro (m)	euro	[øəro]
Lira (f)	lira	[lira]
Mark (f)	Duitse mark	[dœitsə mark]
Franken (m)	frank	[frank]
Pfund Sterling (n)	pond sterling	[pont sterliŋ]
Yen (m)	yen	[jɛn]
Schulden (pl)	skuld	[skult]
Schuldner (m)	skuldenaar	[skuldenãr]
leihen (vt)	uitleen	[œitleen]
leihen, borgen (Geld usw.)	leen	[leən]
Bank (f)	bank	[bank]
Konto (n)	rekening	[rekəniŋ]
einzahlen (vt)	deponeer	[deponeər]
abheben (vt)	trek	[trek]
Kreditkarte (f)	kredietkaart	[kredit·kãrt]
Bargeld (n)	kontant	[kontant]
Scheck (m)	tjek	[t͡ʃek]
Scheckbuch (n)	tjekboek	[t͡ʃek·buk]
Geldtasche (f)	beursie	[bøərsi]
Geldbeutel (m)	muntstukbeursie	[muntstuk·bøərsi]
Safe (m)	brandkas	[brant·kas]
Erbe (m)	erfgenaam	[ɛrfχənãm]
Erbschaft (f)	erfenis	[ɛrfenis]
Vermögen (n)	fortuin	[fortœin]
Pacht (f)	huur	[hɪr]
Miete (f)	huur	[hɪr]
mieten (vt)	huur	[hɪr]
Preis (m)	prys	[prajs]
Kosten (pl)	prys	[prajs]

Summe (f)	som	[som]
ausgeben (vt)	spandeer	[spandeər]
Ausgaben (pl)	onkoste	[onkostə]
sparen (vt)	besuinig	[besœinəχ]
sparsam	ekonomies	[ɛkonomis]

zahlen (vt)	betaal	[betāl]
Lohn (m)	betaling	[betaliŋ]
Wechselgeld (n)	wisselgeld	[vissəl·χɛlt]

Steuer (f)	belasting	[belastiŋ]
Geldstrafe (f)	boete	[butə]
bestrafen (vt)	beboet	[bebut]

42. Post. Postdienst

Post (Postamt)	poskantoor	[pos·kantcər]
Post (Postsendungen)	pos	[pos]
Briefträger (m)	posbode	[pos·bodə]
Öffnungszeiten (pl)	besigheidsure	[besiχæjts·urə]

Brief (m)	brief	[brif]
Einschreibebrief (m)	geregistreerde brief	[χereχistreərdə brif]
Postkarte (f)	poskaart	[pos·kārt]
Telegramm (n)	telegram	[teleχram]

Postpaket (n)	pakkie	[pakki]
Geldanweisung (f)	geldoorplasing	[χɛld·oərplasiŋ]

bekommen (vt)	ontvang	[ontfaŋ]
abschicken (vt)	stuur	[stɪr]
Absendung (f)	versending	[fersendiŋ]

Postanschrift (f)	adres	[adres]
Postleitzahl (f)	poskode	[pos·kodə]

Absender (m)	sender	[sendər]
Empfänger (m)	ontvanger	[ontfaŋər]

Vorname (m)	voornaam	[foərnām]
Nachname (m)	van	[fan]

Tarif (m)	postarief	[pos·tarif]
Standard- (Tarif)	standaard	[standārt]
Spar- (-tarif)	ekonomies	[ɛkonomis]

Gewicht (n)	gewig	[χevəχ]
abwiegen (vt)	weeg	[veəχ]
Briefumschlag (m)	koevert	[kufert]
Briefmarke (f)	posseël	[pos·seɛl]

43. Bankgeschäft

Bank (f)	**bank**	[bank]
Filiale (f)	**tak**	[tak]
Berater (m)	**bankklerk**	[bank·klerk]
Leiter (m)	**bestuurder**	[bestɪrdər]
Konto (n)	**bankrekening**	[bank·rekəniŋ]
Kontonummer (f)	**rekeningnommer**	[rekəniŋ·nommər]
Kontokorrent (n)	**tjekrekening**	[ʧek·rekəniŋ]
Sparkonto (n)	**spaarrekening**	[spār·rekəniŋ]
das Konto schließen	**die rekening sluit**	[di rekəniŋ slœit]
abheben (vt)	**trek**	[trek]
Einzahlung (f)	**deposito**	[deposito]
Überweisung (f)	**telegrafiese oorplasing**	[teleχrafisə oərplasiŋ]
überweisen (vt)	**oorplaas**	[oərplās]
Summe (f)	**som**	[som]
Wieviel?	**Hoeveel?**	[hufeəl?]
Unterschrift (f)	**handtekening**	[hand·tekəniŋ]
unterschreiben (vt)	**onderteken**	[ondərtekən]
Kreditkarte (f)	**kredietkaart**	[kredit·kārt]
Code (m)	**kode**	[kodə]
Kreditkartennummer (f)	**kredietkaartnommer**	[kredit·kārt·nommər]
Geldautomat (m)	**OTM**	[o·te·em]
Scheck (m)	**tjek**	[ʧek]
Scheckbuch (n)	**tjekboek**	[ʧek·buk]
Darlehen (m)	**lening**	[leniŋ]
Sicherheit (f)	**waarborg**	[vārborχ]

44. Telefon. Telefongespräche

Telefon (n)	**telefoon**	[telefoən]
Mobiltelefon (n)	**selfoon**	[sɛlfoən]
Anrufbeantworter (m)	**antwoordmasjien**	[antwoərt·maʃin]
anrufen (vt)	**bel**	[bəl]
Anruf (m)	**oproep**	[oprup]
Hallo!	**Hallo!**	[hallo!]
fragen (vt)	**vra**	[fra]
antworten (vi)	**antwoord**	[antwoərt]

hören (vt)	hoor	[hoər]
gut (~ aussehen)	goed	[χut]
schlecht (Adv)	nie goec nie	[ni χut ni]
Störungen (pl)	steurings	[støəriŋs]

Hörer (m)	gehoorstuk	[χehoərstuk]
den Hörer abnehmen	optel	[optəl]
auflegen (den Hörer ~)	afskakel	[afskakəl]

besetzt	besig	[besəχ]
läuten (vi)	lui	[lœi]
Telefonbuch (n)	telefoongids	[telefoən·χics]

Orts-	lokale	[lokalə]
Ortsgespräch (n)	lokale oproep	[lokalə oprup]
Auslands-	internasionale	[internaʃionalə]
Auslandsgespräch (n)	internasionale oproep	[internaʃionalə oprup]
Fern-	langafstand	[lanχ·afstant]
Ferngespräch (n)	langafstand oproep	[lanχ·afstant oprup]

45. Mobiltelefon

Mobiltelefon (n)	selfoon	[sɛlfoən]
Display (n)	skerm	[skerm]
Knopf (m)	knoppie	[knoppi]
SIM-Karte (f)	SIMkaart	[sim·kārt]

Batterie (f)	battery	[battəraj]
leer sein (Batterie)	pap wees	[pap veəs]
Ladegerät (n)	batterylaaier	[battəraj·lajer]

Menü (n)	spyskaart	[spajs·kārt]
Einstellungen (pl)	instellings	[instɛlliŋs]
Melodie (f)	wysie	[vajsi]
auswählen (vt)	kies	[kis]

Rechner (m)	sakrekenaar	[sakrekənār]
Anrufbeantworter (m)	stempos	[stem·pos]
Wecker (m)	wekker	[vɛkkər]
Kontakte (pl)	kontakte	[kontaktə]

| SMS-Nachricht (f) | SMS | [es·em·es] |
| Teilnehmer (m) | intekenaar | [intekənār] |

46. Bürobedarf

| Kugelschreiber (m) | bolpen | [bol·pen] |
| Federhalter (m) | vulpen | [ful·pen] |

Bleistift (m)	potlood	[potloət]
Faserschreiber (m)	merkpen	[merk·pen]
Filzstift (m)	viltpen	[filt·pen]

| Notizblock (m) | notaboekie | [nota·buki] |
| Terminkalender (m) | dagboek | [daχ·buk] |

Lineal (n)	liniaal	[liniāl]
Rechner (m)	sakrekenaar	[sakrekənār]
Radiergummi (m)	uitveër	[œitfeɛr]
Reißzwecke (f)	duimspyker	[dœim·spajkər]
Heftklammer (f)	skuifspeld	[skœif·spɛlt]

Klebstoff (m)	gom	[χom]
Hefter (m)	krammasjien	[kram·maʃin]
Locher (m)	ponsmasjien	[pɔŋs·maʃin]
Bleistiftspitzer (m)	skerpmaker	[skerp·makər]

47. Fremdsprachen

Sprache (f)	taal	[tāl]
Fremd-	vreemd	[freəmt]
Fremdsprache (f)	vreemde taal	[freəmdə tāl]
studieren (z.B. Jura ~)	studeer	[studeər]
lernen (Englisch ~)	leer	[leər]

lesen (vi, vt)	lees	[leəs]
sprechen (vi, vt)	praat	[prāt]
verstehen (vt)	verstaan	[ferstān]
schreiben (vi, vt)	skryf	[skrajf]

schnell (Adv)	vinnig	[finnəχ]
langsam (Adv)	stadig	[stadəχ]
fließend (Adv)	vlot	[flot]

Regeln (pl)	reëls	[reɛls]
Grammatik (f)	grammatika	[χrammatika]
Vokabular (n)	woordeskat	[voərdeskat]
Phonetik (f)	fonetika	[fonetika]

Lehrbuch (n)	handboek	[hand·buk]
Wörterbuch (n)	woordeboek	[voərdə·buk]
Selbstlernbuch (n)	selfstudie boek	[sɛlfstudi buk]
Sprachführer (m)	taalgids	[tāl·χids]

Kassette (f)	kasset	[kasset]
Videokassette (f)	videoband	[video·bant]
CD (f)	CD	[se·de]
DVD (f)	DVD	[de·fe·de]
Alphabet (n)	alfabet	[alfabet]

buchstabieren (vt)	spel	[spel]
Aussprache (f)	uitspraak	[œitsprāk]
Akzent (m)	aksent	[aksent]

| Wort (n) | woord | [voərt] |
| Bedeutung (f) | betekenis | [betekənis] |

Kurse (pl)	kursus	[kursus]
sich einschreiben	inskryf	[inskrajf]
Lehrer (m)	onderwyser	[ondərwajsər]

Übertragung (f)	vertaling	[fertaliŋ]
Übersetzung (f)	vertaling	[fertaliŋ]
Übersetzer (m)	vertaler	[fertalər]
Dolmetscher (m)	tolk	[tolk]

| Polyglott (m, f) | poliglot | [poliχlot] |
| Gedächtnis (n) | gehele | [χəhøə] |

T&P BOOKS

MAHLZEITEN.
RESTAURANT

T&P Books Publishing

48. Gedeck

Löffel (m)	**lepel**	[lepəl]
Messer (n)	**mes**	[mes]
Gabel (f)	**vurk**	[furk]

Tasse (eine ~ Tee)	**koppie**	[koppi]
Teller (m)	**bord**	[bort]
Untertasse (f)	**piering**	[piriŋ]
Serviette (f)	**servet**	[serfət]
Zahnstocher (m)	**tandestokkie**	[tandə·stokki]

49. Restaurant

Restaurant (n)	**restaurant**	[restɔurant]
Kaffeehaus (n)	**koffiekroeg**	[koffi·kruχ]
Bar (f)	**kroeg**	[kruχ]
Teesalon (m)	**teekamer**	[teə·kamər]

Kellner (m)	**kelner**	[kɛlnər]
Kellnerin (f)	**kelnerin**	[kɛlnərin]
Barmixer (m)	**kroegman**	[kruχman]
Speisekarte (f)	**spyskaart**	[spajs·kārt]
Weinkarte (f)	**wyn**	[vajn]
einen Tisch reservieren	**wynkaart**	[vajn·kārt]
Gericht (n)	**gereg**	[χerəχ]
bestellen (vt)	**bestel**	[bestəl]
eine Bestellung aufgeben	**bestel**	[bestəl]

Aperitif (m)	**drankie**	[dranki]
Vorspeise (f)	**voorgereg**	[foərχerəχ]
Nachtisch (m)	**nagereg**	[naχerəχ]

Rechnung (f)	**rekening**	[rekəniŋ]
Rechnung bezahlen	**die rekening betaal**	[di rekəniŋ betāl]
das Wechselgeld geben	**kleingeld gee**	[klæjn·χɛlt χeə]
Trinkgeld (n)	**fooitjie**	[fojki]

50. Mahlzeiten

| Essen (n) | **kos** | [kos] |
| essen (vi, vt) | **eet** | [eət] |

Frühstück (n)	ontbyt	[ontbajt]
frühstücken (vi)	ontbyt	[ontbajt]
Mittagessen (n)	middagete	[middaχ·etə]
zu Mittag essen	gaan eet	[χān eət]
Abendessen (n)	aandete	[āndetə]
zu Abend essen	aandete gebruik	[āndetə χebrœik]

| Appetit (m) | aptyt | [aptajt] |
| Guten Appetit! | Smaaklike ete! | [smāklikə etə!] |

öffnen (vt)	oopmaak	[oəpmāk]
verschütten (vt)	mors	[mors]
verschüttet werden	mors	[mors]

kochen (vi)	kook	[koək]
kochen (Wasser ~)	kook	[koək]
gekocht (Adj)	gekook	[χekoək]
kühlen (vt)	laat afkoel	[lāt afkul]
abkühlen (vi)	afkoel	[afkul]

| Geschmack (m) | smaak | [smāk] |
| Beigeschmack (m) | nasmaak | [nasmāk] |

auf Diät sein	vermaer	[fermaər]
Diät (f)	dieet	[diət]
Vitamin (n)	vitamien	[fitamin]
Kalorie (f)	kalorie	[kalori]
Vegetarier (m)	vegetariër	[feχetariɛr]
vegetarisch (Adj)	vegetaries	[feχetaris]

Fett (n)	vette	[fɛttə]
Protein (n)	proteïen	[proteïen]
Kohlenhydrat (n)	koolhidrate	[koəlhidrɛtə]

Scheibchen (n)	snytjie	[snajki]
Stück (ein ~ Kuchen)	stuk	[stuk]
Krümel (m)	krummel	[krumməl]

51. Gerichte

Gericht (n)	gereg	[χerəχ]
Küche (f)	kookkuns	[koək·kuns]
Rezept (n)	resep	[resep]
Portion (f)	porsie	[porsi]

| Salat (m) | slaai | [slāi] |
| Suppe (f) | sop | [sop] |

| Brühe (f), Bouillon (f) | helder sop | [hɛldər sop] |
| belegtes Brot (n) | toebroodjie | [tubroədʒi] |

Spiegelei (n)	gabakte eiers	[χabaktə æjers]
Hamburger (m)	hamburger	[hamburχər]
Beefsteak (n)	biefstuk	[bifstuk]

Beilage (f)	sygereg	[saj·χerəχ]
Spaghetti (pl)	spaghetti	[spaχɛtti]
Kartoffelpüree (n)	kapokaartappels	[kapok·ārtappəls]
Pizza (f)	pizza	[pizza]
Brei (m)	pap	[pap]
Omelett (n)	omelet	[oməlet]

gekocht	gekook	[χekoək]
geräuchert	gerook	[χeroək]
gebraten	gebak	[χebak]
getrocknet	gedroog	[χedroəχ]
tiefgekühlt	gevries	[χefris]
mariniert	gepiekel	[χepikəl]

süß	soet	[sut]
salzig	sout	[sæʋt]
kalt	koud	[kæʋt]
heiß	warm	[varm]
bitter	bitter	[bittər]
lecker	smaaklik	[smāklik]

kochen (vt)	kook in water	[koək in vatər]
zubereiten (vt)	kook	[koək]
braten (vt)	braai	[braj]
aufwärmen (vt)	opwarm	[opwarm]

salzen (vt)	sout	[sæʋt]
pfeffern (vt)	peper	[pepər]
reiben (vt)	rasp	[rasp]
Schale (f)	skil	[skil]
schälen (vt)	skil	[skil]

52. Essen

Fleisch (n)	vleis	[flæjs]
Hühnerfleisch (n)	hoender	[hundər]
Küken (n)	braaikuiken	[brāj·kœiken]
Ente (f)	eend	[eent]
Gans (f)	gans	[χaŋs]
Wild (n)	wild	[vilt]
Pute (f)	kalkoen	[kalkun]

Schweinefleisch (n)	varkvleis	[fark·flæjs]
Kalbfleisch (n)	kalfsvleis	[kalfs·flæjs]
Hammelfleisch (n)	lamsvleis	[lams·flæjs]
Rindfleisch (n)	beesvleis	[beəs·flæjs]

Kaninchenfleisch (n)	konynvleis	[konajn·flæjs]
Wurst (f)	wors	[vors]
Würstchen (n)	Weense worsie	[vɛŋsə vorsi]
Schinkenspeck (m)	spek	[spek]
Schinken (m)	ham	[ham]
Räucherschinken (m)	gerookte ham	[ɣeroəktə ham]
Pastete (f)	patee	[pateə]
Leber (f)	lewer	[levər]
Hackfleisch (n)	maalvleis	[māl·flæjs]
Zunge (f)	tong	[toŋ]
Ei (n)	eier	[æjer]
Eier (pl)	eiers	[æjers]
Eiweiß (n)	eierwit	[æjer·wit]
Eigelb (n)	dooier	[dojer]
Fisch (m)	vis	[fis]
Meeresfrüchte (pl)	seekos	[seə·kos]
Krebstiere (pl)	skaaldiere	[skāldirə]
Kaviar (m)	kaviaar	[kafiār]
Krabbe (f)	krab	[krap]
Garnele (f)	garnaal	[ɣarnāl]
Auster (f)	oester	[ustər]
Languste (f)	seekreef	[seə·kreəf]
Krake (m)	seekat	[seə·kat]
Kalmar (m)	pylinkvis	[pajl·inkfis]
Störfleisch (n)	steur	[støər]
Lachs (m)	salm	[salm]
Heilbutt (m)	heilbot	[hæjlbot]
Dorsch (m)	kabeljou	[kabeljæʊ]
Makrele (f)	makriel	[makril]
Tunfisch (m)	tuna	[tuna]
Aal (m)	paling	[paliŋ]
Forelle (f)	forel	[forəl]
Sardine (f)	sardyn	[sardajn]
Hecht (m)	varswatersnoek	[farswater·snuk]
Hering (m)	haring	[hariŋ]
Brot (n)	brood	[broət]
Käse (m)	kaas	[kās]
Zucker (m)	suiker	[sœikər]
Salz (n)	sout	[sæʊt]
Reis (m)	rys	[rajs]
Teigwaren (pl)	pasta	[pasta]
Nudeln (pl)	noedels	[nudɛls]
Butter (f)	botter	[bottər]

Pflanzenöl (n)	plantaardige olie	[plantãrdiχə oli]
Sonnenblumenöl (n)	sonblomolie	[sonblom·oli]
Margarine (f)	margarien	[marχarin]
Oliven (pl)	olywe	[olajvə]
Olivenöl (n)	olyfolie	[olajf·oli]
Milch (f)	melk	[melk]
Kondensmilch (f)	kondensmelk	[kondɛŋs·melk]
Joghurt (m)	jogurt	[joχurt]
saure Sahne (f)	suurroom	[sɪr·roəm]
Sahne (f)	room	[roəm]
Mayonnaise (f)	mayonnaise	[majonɛs]
Buttercreme (f)	crème	[krɛm]
Grütze (f)	ontbytgraan	[ontbajt·χrān]
Mehl (n)	meelblom	[meəl·blom]
Konserven (pl)	blikkieskos	[blikkis·kos]
Maisflocken (pl)	mielievlokkies	[mili·flokkis]
Honig (m)	heuning	[høəniŋ]
Marmelade (f)	konfyt	[konfajt]
Kaugummi (m, n)	kougom	[kæuχom]

53. Getränke

Wasser (n)	water	[vatər]
Trinkwasser (n)	drinkwater	[drink·vatər]
Mineralwasser (n)	mineraalwater	[minerãl·vatər]
still	sonder gas	[sondər χas]
mit Kohlensäure	soda-	[soda-]
mit Gas	bruis-	[brœis-]
Eis (n)	ys	[ajs]
mit Eis	met ys	[met ajs]
alkoholfrei (Adj)	nie-alkoholies	[ni-alkoholis]
alkoholfreies Getränk (n)	koeldrank	[kul·drank]
Erfrischungsgetränk (n)	verfrissende drank	[ferfrissendə drank]
Limonade (f)	limonade	[limonadə]
Spirituosen (pl)	likeure	[likøərə]
Wein (m)	wyn	[vajn]
Weißwein (m)	witwyn	[vit·vajn]
Rotwein (m)	rooiwyn	[roj·vajn]
Likör (m)	likeur	[likøər]
Champagner (m)	sjampanje	[ʃampanjə]
Wermut (m)	vermoet	[fermut]

Whisky (m)	whisky	[vhiskaj]
Wodka (m)	vodka	[fodka]
Gin (m)	jenever	[jenefər]
Kognak (m)	brandewyn	[brandə·vajn]
Rum (m)	rum	[rum]

Kaffee (m)	koffie	[koffi]
schwarzer Kaffee (m)	swart koffie	[swart koffi]
Milchkaffee (m)	koffie met melk	[koffi met melk]
Cappuccino (m)	capuccino	[kaputʃino]
Pulverkaffee (m)	poeierkoffie	[pujer·koffi]

Milch (f)	melk	[melk]
Cocktail (m)	mengeldrankie	[menχəl·dranki]
Milchcocktail (m)	melkskommel	[melk·skomməl]

Saft (m)	sap	[sap]
Tomatensaft (m)	tamatiesap	[tamati·sap]
Orangensaft (m)	lemoensap	[lemoən·sap]
frisch gepresster Saft (m)	vars geparste sap	[fars χeparstə sap]

Bier (n)	bier	[bir]
Helles (n)	ligte bier	[liχtə bir]
Dunkelbier (n)	donker bier	[donkər bir]

Tee (m)	tee	[teə]
schwarzer Tee (m)	swart tee	[swart teə]
grüner Tee (m)	groen tee	[χrun teə]

54. Gemüse

| Gemüse (n) | groente | [χruntə] |
| grünes Gemüse (pl) | groente | [χruntə] |

Tomate (f)	tamatie	[tamati]
Gurke (f)	komkommer	[komkommər]
Karotte (f)	wortel	[vortəl]
Kartoffel (f)	aartappel	[ärtappəl]
Zwiebel (f)	ui	[œi]
Knoblauch (m)	knoffel	[knoffel]

Kohl (m)	kool	[koəl]
Blumenkohl (m)	blomkool	[blom·koəl]
Rosenkohl (m)	Brusselspruite	[brussɛl·sprœitə]
Brokkoli (m)	broccoli	[brokoli]

Rote Bete (f)	beet	[beət]
Aubergine (f)	eiervrug	[æjer·ruχ]
Zucchini (f)	vingerskorsie	[fiŋər·skorsi]
Kürbis (m)	pampoen	[pampun]

Rübe (f)	raap	[rāp]
Petersilie (f)	pietersielie	[pitərsili]
Dill (m)	dille	[dillə]
Kopf Salat (m)	slaai	[slāi]
Sellerie (m)	seldery	[selderaj]
Spargel (m)	aspersie	[aspersi]
Spinat (m)	spinasie	[spinasi]

Erbse (f)	ertjie	[ɛrki]
Bohnen (pl)	boontjies	[boənkis]
Mais (m)	mielie	[mili]
weiße Bohne (f)	nierboontjie	[nir·boənki]

Paprika (m)	paprika	[paprika]
Radieschen (n)	radys	[radajs]
Artischocke (f)	artisjok	[artiʃok]

55. Obst. Nüsse

Frucht (f)	vrugte	[fruχtə]
Apfel (m)	appel	[appəl]
Birne (f)	peer	[peər]
Zitrone (f)	suurlemoen	[sɪr·lemun]
Apfelsine (f)	lemoen	[lemun]
Erdbeere (f)	aarbei	[ārbæj]

Mandarine (f)	nartjie	[narki]
Pflaume (f)	pruim	[prœim]
Pfirsich (m)	perske	[perskə]
Aprikose (f)	appelkoos	[appɛlkoəs]
Himbeere (f)	framboos	[framboəs]
Ananas (f)	pynappel	[pajnappəl]

Banane (f)	piesang	[pisaŋ]
Wassermelone (f)	waatlemoen	[vātlemun]
Weintrauben (pl)	druif	[drœif]
Kirsche (f)	kersie	[kersi]
Sauerkirsche (f)	suurkersie	[sɪr·kersi]
Süßkirsche (f)	soetkersie	[sut·kersi]
Melone (f)	spanspek	[spaŋspek]

Grapefruit (f)	pomelo	[pomelo]
Avocado (f)	avokado	[afokado]
Papaya (f)	papaja	[papaja]
Mango (f)	mango	[manχo]
Granatapfel (m)	granaat	[χranāt]

| rote Johannisbeere (f) | rooi aalbessie | [roj ālbɛssi] |
| schwarze Johannisbeere (f) | swartbessie | [swartbɛssi] |

Stachelbeere (f)	appellieie	[appɛllifi]
Heidelbeere (f)	bosbessie	[bosbɛssi]
Brombeere (f)	braambessie	[brãmbɛssi]

Rosinen (pl)	rosyntjie	[rosajnki]
Feige (f)	vy	[faj]
Dattel (f)	dadel	[dadəl]

Erdnuss (f)	grondboontjie	[ꭓront·boənki]
Mandel (f)	amandel	[amandəl]
Walnuss (f)	okkerneut	[okkər·nøət]
Haselnuss (f)	haselneut	[hasɛl·nøət]
Kokosnuss (f)	klapper	[klappər]
Pistazien (pl)	pistachio	[pistatʃio]

56. Brot. Süßigkeiten

Konditorwaren (pl)	soet gebak	[sut ꭓebak]
Brot (n)	brood	[broət]
Keks (m, n)	koekies	[kukis]

Schokolade (f)	sjokolade	[ʃokoladə]
Schokoladen-	sjokolade	[ʃokoladə]
Bonbon (m, n)	lekkers	[lɛkkərs]
Kuchen (m)	koek	[kuk]
Torte (f)	koek	[kuk]

| Kuchen (Apfel-) | pastei | [pastæj] |
| Füllung (f) | vulsei | [fulsəl] |

Konfitüre (f)	konfyt	[konfajt]
Marmelade (f)	marmelade	[marmelɛdə]
Waffeln (pl)	wafels	[vafɛls]
Eis (n)	roomys	[roəm·ajs]
Pudding (m)	poeding	[pudiŋ]

57. Gewürze

Salz (n)	sout	[sæut]
salzig (Adj)	sout	[sæut]
salzen (vt)	sout	[sæut]

schwarzer Pfeffer (m)	swart peper	[swart pepər]
roter Pfeffer (m)	rooi peper	[roj pepər]
Senf (m)	mosterd	[mostert]
Meerrettich (m)	peperwortel	[peper·wortəl]
Gewürz (n)	smaakmiddel	[smãk·middəl]
Gewürz (n)	spesery	[spesə·raj]

Soße (f)	sous	[sæʊs]
Essig (m)	asyn	[asajn]
Anis (m)	anys	[anajs]
Basilikum (n)	basilikum	[basilikum]
Nelke (f)	naeltjies	[naɛlkis]
Ingwer (m)	gemmer	[χɛmmər]
Koriander (m)	koljander	[koljandər]
Zimt (m)	kaneel	[kaneəl]
Sesam (m)	sesamsaad	[sesam·sāt]
Lorbeerblatt (n)	lourierblaar	[læʊrir·blār]
Paprika (m)	paprika	[paprika]
Kümmel (m)	komynsaad	[komajnsāt]
Safran (m)	saffraan	[saffrān]

PERSÖNLICHE INFORMATIONEN. FAMILIE

58. Persönliche Informationen. Formulare

Vorname (m)	**voornaam**	[foərnãm]
Name (m)	**van**	[fan]
Geburtsdatum (n)	**geboortedatum**	[χeboərtə·datum]
Geburtsort (m)	**geboorteplek**	[χeboərtə·plek]
Nationalität (f)	**nasionaliteit**	[naʃionalitæjt]
Wohnort (m)	**woonplek**	[voən·plek]
Land (n)	**land**	[lant]
Beruf (m)	**beroep**	[berup]
Geschlecht (n)	**geslag**	[χeslaχ]
Größe (f)	**lengte**	[leŋtə]
Gewicht (n)	**gewig**	[χevəχ]

59. Familienmitglieder. Verwandte

Mutter (f)	**moeder**	[mudər]
Vater (m)	**vader**	[fadər]
Sohn (m)	**seun**	[søən]
Tochter (f)	**dogter**	[doχtər]
jüngste Tochter (f)	**jonger dogter**	[joŋər doχtər]
jüngste Sohn (m)	**jonger seun**	[joŋər søən]
ältere Tochter (f)	**oudste dogter**	[æʊdstə doχtər]
älterer Sohn (m)	**oudste seun**	[æʊdstə søən]
Bruder (m)	**broer**	[brur]
älterer Bruder (m)	**ouer broer**	[æʊer brur]
jüngerer Bruder (m)	**jonger broer**	[joŋər brur]
Schwester (f)	**suster**	[sustər]
ältere Schwester (f)	**ouer suster**	[æʊer sustər]
jüngere Schwester (f)	**jonger suster**	[joŋər sustər]
Cousin (m)	**neef**	[neəf]
Cousine (f)	**neef**	[neəf]
Mama (f)	**ma**	[ma]
Papa (m)	**pa**	[pa]
Eltern (pl)	**ouers**	[æʊers]
Kind (n)	**kind**	[kint]
Kinder (pl)	**kinders**	[kindərs]
Großmutter (f)	**ouma**	[æʊma]

Großvater (m)	oupa	[æʊpa]
Enkel (m)	kleinseun	[klæjn·søər]
Enkelin (f)	kleindogter	[klæjn·doχtər]
Enkelkinder (pl)	kleinkinders	[klæjn·kindərs]

Onkel (m)	oom	[oəm]
Tante (f)	tante	[tantə]
Neffe (m)	neef	[neəf]
Nichte (f)	nig	[niχ]

Schwiegermutter (f)	skoonma	[skoən·ma]
Schwiegervater (m)	skoonpa	[skoən·pa]
Schwiegersohn (m)	skoonseun	[skoən·søən]
Stiefmutter (f)	stiefma	[stifma]
Stiefvater (m)	stiefpa	[stifpa]

Säugling (m)	baba	[baba]
Kleinkind (n)	baba	[baba]
Kleine (m)	seunkie	[søənki]

Frau (f)	vrou	[fræʊ]
Mann (m)	man	[man]
Ehemann (m)	eggenoot	[ɛχχenoet]
Gemahlin (f)	eggenote	[ɛχχenotə]

verheiratet (Ehemann)	getroud	[χetræʊt]
verheiratet (Ehefrau)	getroud	[χetræʊt]
ledig	ongetroud	[onχətræʊt]
Junggeselle (m)	vrygesel	[frajχesəl]
geschieden (Adj)	geskei	[χeskæj]
Witwe (f)	weduwee	[veduveə]
Witwer (m)	wedunaar	[vedunãr]

Verwandte (m)	familielid	[famililit]
naher Verwandter (m)	na familie	[na farrili]
entfernter Verwandter (m)	ver familie	[fer famili]
Verwandte (pl)	familielede	[famililedə]

Waisenjunge (m)	weeskind	[veəskint]
Waisenmädchen (f)	weeskind	[veəskint]
Vormund (m)	voog	[foəχ]
adoptieren (einen Jungen)	aanneem	[ãnneəm]
adoptieren (ein Mädchen)	aanneem	[ãnneəm]

60. Freunde. Arbeitskollegen

Freund (m)	vriend	[frint]
Freundin (f)	vriendin	[frindin]
Freundschaft (f)	vriendskap	[frindskap]
befreundet sein	bevriend wees	[befrint veəs]

Freund (m)	maat	[mãt]
Freundin (f)	vriendin	[frindin]
Partner (m)	maat	[mãt]

Chef (m)	baas	[bãs]
Vorgesetzte (m)	baas	[bãs]
Besitzer (m)	eienaar	[æjenãr]
Untergeordnete (m)	ondergeskikte	[ondərχeskiktə]
Kollege (m), Kollegin (f)	kollega	[kolleχa]

Bekannte (m)	kennis	[kɛnnis]
Reisegefährte (m)	medereisiger	[medə·ræjsiχər]
Mitschüler (m)	klasmaat	[klas·mãt]

Nachbar (m)	buurman	[bɪrman]
Nachbarin (f)	buurvrou	[bɪrfræʊ]
Nachbarn (pl)	bure	[burə]

T&P BOOKS

MENSCHLICHER KÖRPER. MEDIZIN

T&P Books Publishing

Kopf (m)	kop	[kop]
Gesicht (n)	gesig	[χesəχ]
Nase (f)	neus	[nøəs]
Mund (m)	mond	[mont]

Auge (n)	oog	[oəχ]
Augen (pl)	oë	[oɛ]
Pupille (f)	pupil	[pupil]
Augenbraue (f)	wenkbrou	[vɛnk·bræʊ]
Wimper (f)	ooghaar	[oəχ·hār]
Augenlid (n)	ooglid	[oəχ·lit]

Zunge (f)	tong	[toŋ]
Zahn (m)	tand	[tant]
Lippen (pl)	lippe	[lippə]
Backenknochen (pl)	wangbene	[vaŋ·benə]
Zahnfleisch (n)	tandvleis	[tand·flæjs]
Gaumen (m)	verhemelte	[fer·hemɛltə]

Nasenlöcher (pl)	neusgate	[nøəsχatə]
Kinn (n)	ken	[ken]
Kiefer (m)	kakebeen	[kakebeən]
Wange (f)	wang	[vaŋ]

Stirn (f)	voorhoof	[foərhoəf]
Schläfe (f)	slaap	[slāp]
Ohr (n)	oor	[oər]
Nacken (m)	agterkop	[aχtərkop]
Hals (m)	nek	[nek]
Kehle (f)	keel	[keəl]

Haare (pl)	haar	[hār]
Frisur (f)	kapsel	[kapsəl]
Haarschnitt (m)	haarstyl	[hārstajl]
Perücke (f)	pruik	[prœik]

Schnurrbart (m)	snor	[snor]
Bart (m)	baard	[bārt]
haben (einen Bart ~)	dra	[dra]
Zopf (m)	vlegsel	[fleχsəl]
Backenbart (m)	bakkebaarde	[bakkəbārdə]

| rothaarig | rooiharig | [roj·harəχ] |
| grau | grys | [χrajs] |

| kahl | kaal | [kāl] |
| Glatze (f) | kaal plek | [kāl plek] |

| Pferdeschwanz (m) | poniestert | [poni·stert] |
| Pony (Ponyfrisur) | gordynjiekapsel | [χordajnki·kapsəl] |

62. Menschlicher Körper

| Hand (f) | hand | [hant] |
| Arm (m) | arm | [arm] |

Finger (m)	vinger	[fiŋər]
Zehe (f)	toon	[toən]
Daumen (m)	duim	[dœim]
kleiner Finger (m)	pinkie	[pinki]
Nagel (m)	nael	[naəl]

Faust (f)	vuis	[fœis]
Handfläche (f)	palm	[palm]
Handgelenk (n)	pols	[pols]
Unterarm (m)	voorarm	[foərarm]
Ellbogen (m)	elmboog	[ɛlmboəχ]
Schulter (f)	skouer	[skæʊər]

Bein (n)	been	[beən]
Fuß (m)	voet	[fut]
Knie (n)	knie	[kni]
Wade (f)	kuit	[kœit]

| Hüfte (f) | heup | [høəp] |
| Ferse (f) | hakskeen | [hak·skeən] |

Körper (m)	liggaam	[liχχām]
Bauch (m)	maag	[māχ]
Brust (f)	bors	[bors]
Busen (m)	bors	[bors]
Seite (f), Flanke (f)	sy	[saj]
Rücken (m)	rug	[ruχ]

| Kreuz (n) | lae rug | [laə ruχ] |
| Taille (f) | middel | [middəl] |

Nabel (m)	naeltjie	[naɛlki]
Gesäßbacken (pl)	boude	[bæʊdə]
Hinterteil (n)	sitvlak	[sitflak]

Leberfleck (m)	moesie	[musi]
Muttermal (n)	moedervlek	[mudər·flek]
Tätowierung (f)	tatoe	[tatu]
Narbe (f)	litteken	[littekən]

63. Krankheiten

Krankheit (f)	**siekte**	[siktə]
krank sein	**siek wees**	[sik veəs]
Gesundheit (f)	**gesondheid**	[χesonthæjt]
Schnupfen (m)	**loopneus**	[loəpnøəs]
Angina (f)	**keelontsteking**	[keəl·ontstekiŋ]
Erkältung (f)	**verkoue**	[ferkæʊə]
Bronchitis (f)	**bronchitis**	[bronχitis]
Lungenentzündung (f)	**longontsteking**	[loŋ·ontstekiŋ]
Grippe (f)	**griep**	[χrip]
kurzsichtig	**bysiende**	[bajsində]
weitsichtig	**versiende**	[fersində]
Schielen (n)	**skeelheid**	[skeəlhæjt]
schielend (Adj)	**skeel**	[skeəl]
grauer Star (m)	**katarak**	[katarak]
Glaukom (n)	**gloukoom**	[χlæʊkoəm]
Schlaganfall (m)	**beroerte**	[berurtə]
Infarkt (m)	**hartaanval**	[hart·ānfal]
Herzinfarkt (m)	**hartinfark**	[hart·infark]
Lähmung (f)	**verlamming**	[ferlammiŋ]
lähmen (vt)	**verlam**	[ferlam]
Allergie (f)	**allergie**	[allerχi]
Asthma (n)	**asma**	[asma]
Diabetes (m)	**suikersiekte**	[sœikər·siktə]
Zahnschmerz (m)	**tandpyn**	[tand·pajn]
Karies (f)	**tandbederf**	[tand·bederf]
Durchfall (m)	**diarree**	[diarreə]
Verstopfung (f)	**hardlywigheid**	[hardlajviχæjt]
Magenverstimmung (f)	**maagongesteldheid**	[māχ·oŋəstɛldhæjt]
Vergiftung (f)	**voedselvergiftiging**	[fudsəl·ferχiftəχiŋ]
Vergiftung bekommen	**voedselvergiftiging kry**	[fudsəl·ferχiftəχiŋ kraj]
Arthritis (f)	**artritis**	[artritis]
Rachitis (f)	**Engelse siekte**	[ɛŋəlsə siktə]
Rheumatismus (m)	**reumatiek**	[røəmatik]
Atherosklerose (f)	**artrosklerose**	[artrosklerosə]
Gastritis (f)	**maagontsteking**	[māχ·ontstekiŋ]
Blinddarmentzündung (f)	**blindedermontsteking**	[blindəderm·ontstekiŋ]
Cholezystitis (f)	**galblaasontsteking**	[χalblās·ontstekiŋ]
Geschwür (n)	**maagsweer**	[māχsweər]
Masern (pl)	**masels**	[masɛls]
Röteln (pl)	**Duitse masels**	[dœitsə masɛls]

Gelbsucht (f)	geelsug	[xeəlsux]
Hepatitis (f)	hepatitis	[hepatitis]
Schizophrenie (f)	skisofrenie	[skisofreni]
Tollwut (f)	hondsdolheid	[hondsdolhæjt]
Neurose (f)	neurose	[nøərosə]
Gehirnerschütterung (f)	harsingskudding	[harsiŋ·skuddiŋ]
Krebs (m)	kanker	[kankər]
Sklerose (f)	sklerose	[sklerosə]
multiple Sklerose (f)	veelvuldige sklerose	[feəlfuldixə sklerosə]
Alkoholismus (m)	alkoholisme	[alkoholismə]
Alkoholiker (m)	alkoholikus	[alkoholikus]
Syphilis (f)	sifilis	[sifilis]
AIDS	VIGS	[vigs]
Tumor (m)	tumor	[tumor]
bösartig	kwaadaardig	[kwādārdəx]
gutartig	goedaardig	[xudārdəx]
Fieber (n)	koors	[koərs]
Malaria (f)	malaria	[malaria]
Gangrän (f, n)	gangreen	[xanxreən]
Seekrankheit (f)	seesiekte	[seə·siktə]
Epilepsie (f)	epilepsie	[ɛpilepsi]
Epidemie (f)	epidemie	[ɛpidemi]
Typhus (m)	tifus	[tifus]
Tuberkulose (f)	tuberkulose	[tuberkulosə]
Cholera (f)	cholera	[xolera]
Pest (f)	pes	[pes]

64. Symptome. Behandlungen. Teil 1

Symptom (n)	simptoom	[simptoəm]
Temperatur (f)	temperatuur	[temperatɪr]
Fieber (n)	koors	[koərs]
Puls (m)	polsslag	[pols·slax]
Schwindel (m)	duiseligheid	[dœiselixæjt]
heiß (Stirne usw.)	warm	[varm]
Schüttelfrost (m)	koue rillings	[kæuə rilliŋs]
blass (z.B. -es Gesicht)	bleek	[bleək]
Husten (m)	hoes	[hus]
husten (vi)	hoes	[hus]
niesen (vi)	nies	[nis]
Ohnmacht (f)	floute	[flæutə]
ohnmächtig werden	flou word	[flæu vort]

blauer Fleck (m)	**blou kol**	[blæʊ kol]
Beule (f)	**knop**	[knop]
sich stoßen	**stamp**	[stamp]
Prellung (f)	**besering**	[beseriŋ]
hinken (vi)	**hink**	[hink]
Verrenkung (f)	**ontwrigting**	[ɔntwriχtiŋ]
ausrenken (vt)	**ontwrig**	[ɔntwrəχ]
Fraktur (f)	**breuk**	[brøək]
brechen (Arm usw.)	**n breuk hê**	[n brøək hɛ:]
Schnittwunde (f)	**sny**	[snaj]
sich schneiden	**jouself sny**	[jæʊsɛlf snaj]
Blutung (f)	**bloeding**	[bludiŋ]
Verbrennung (f)	**brandwond**	[brant·vont]
sich verbrennen	**jouself brand**	[jæʊsɛlf brant]
stechen (vt)	**prik**	[prik]
sich stechen	**jouself prik**	[jæʊsɛlf prik]
verletzen (vt)	**seermaak**	[seərmāk]
Verletzung (f)	**besering**	[beseriŋ]
Wunde (f)	**wond**	[vont]
Trauma (n)	**trauma**	[trɔuma]
irrereden (vi)	**yl**	[ajl]
stottern (vi)	**stotter**	[stottər]
Sonnenstich (m)	**sonsteek**	[sɔŋ·steək]

65. Symptome. Behandlungen. Teil 2

Schmerz (m)	**pyn**	[pajn]
Splitter (m)	**splinter**	[splintər]
Schweiß (m)	**sweet**	[sweət]
schwitzen (vi)	**sweet**	[sweət]
Erbrechen (n)	**braak**	[brāk]
Krämpfe (pl)	**stuiptrekkings**	[stœip·trɛkkiŋs]
schwanger	**swanger**	[swaŋər]
geboren sein	**gebore word**	[χeborə vort]
Geburt (f)	**geboorte**	[χeboərtə]
gebären (vt)	**baar**	[bār]
Abtreibung (f)	**aborsie**	[aborsi]
Atem (m)	**asemhaling**	[asemhaliŋ]
Atemzug (m)	**inaseming**	[inasemiŋ]
Ausatmung (f)	**uitaseming**	[œitasemiŋ]
ausatmen (vt)	**uitasem**	[œitasem]
einatmen (vt)	**inasem**	[inasem]

Invalide (m)	invalide	[infalidə]
Krüppel (m)	kreupel	[krøəpəl]
Drogenabhängiger (m)	dwelmslaaf	[dwɛlm·slāf]

taub	doof	[doəf]
stumm	stom	[stom]
taubstumm	doofstom	[doəf·stom]

verrückt (Adj)	swaksinnig	[swaksinnəx]
Irre (m)	kranksinnige	[kranksinnixə]
Irre (f)	kranksinnige	[kranksinnixə]
den Verstand verlieren	kranksinnig word	[kranksinnəx vort]

Gen (n)	geen	[xeən]
Immunität (f)	immuniteit	[immunitæjt]
erblich	erflik	[ɛrflik]
angeboren	aangebore	[ānxəborə]

Virus (m, n)	virus	[firus]
Mikrobe (f)	mikrobe	[mikrobə]
Bakterie (f)	bakterie	[bakteri]
Infektion (f)	infeksie	[infeksi]

66. Symptome. Behandlungen. Teil 3

| Krankenhaus (n) | hospitaal | [hospitāl] |
| Patient (m) | pasiënt | [pasiɛnt] |

Diagnose (f)	diagnose	[diaxnosə]
Heilung (f)	genesing	[xenesiŋ]
Behandlung (f)	mediese behandeling	[medisə behandəliŋ]
Behandlung bekommen	behandeling kry	[behandəliŋ kraj]
behandeln (vt)	behandel	[behandəl]
pflegen (Kranke)	versorg	[fersorx]
Pflege (f)	versorging	[fersorxiŋ]

Operation (f)	operasie	[operasi]
verbinden (vt)	verbind	[ferbint]
Verband (m)	verband	[ferbant]

Impfung (f)	inenting	[inɛntiŋ]
impfen (vt)	inent	[inɛnt]
Spritze (f)	inspuiting	[inspœitiŋ]

Anfall (m)	aanval	[ānfal]
Amputation (f)	amputasie	[amputasi]
amputieren (vt)	amputeer	[amputeər]
Koma (n)	koma	[koma]
Reanimation (f)	intensiewe sorg	[intɛnsivə sorx]
genesen von ... (vi)	herstel	[herstəl]

Zustand (m)	**kondisie**	[kondisi]
Bewusstsein (n)	**bewussyn**	[bevussajn]
Gedächtnis (n)	**geheue**	[χəhøə]

ziehen (einen Zahn ~)	**trek**	[trek]
Plombe (f)	**vulsel**	[fulsəl]
plombieren (vt)	**vul**	[ful]

Hypnose (f)	**hipnose**	[hipnosə]
hypnotisieren (vt)	**hipnotiseer**	[hipnotiseər]

67. Medizin. Medikamente. Accessoires

Arznei (f)	**medisyn**	[medisajn]
Heilmittel (n)	**geneesmiddel**	[χeneəs·middəl]
verschreiben (vt)	**voorskryf**	[foərskrajf]
Rezept (n)	**voorskrif**	[foərskrif]

Tablette (f)	**pil**	[pil]
Salbe (f)	**salf**	[salf]
Ampulle (f)	**ampul**	[ampul]
Mixtur (f)	**mengsel**	[meŋsəl]
Sirup (m)	**stroop**	[stroəp]
Pille (f)	**pil**	[pil]
Pulver (n)	**poeier**	[pujer]

Verband (m)	**verband**	[ferbant]
Watte (f)	**watte**	[vattə]
Jod (n)	**iodium**	[iodium]

Pflaster (n)	**pleister**	[plæjstər]
Pipette (f)	**oogdrupper**	[oəχ·druppər]
Thermometer (n)	**termometer**	[termometər]
Spritze (f)	**spuitnaald**	[spœit·nält]

Rollstuhl (m)	**rolstoel**	[rol·stul]
Krücken (pl)	**krukke**	[krukkə]

Betäubungsmittel (n)	**pynstiller**	[pajn·stillər]
Abführmittel (n)	**lakseermiddel**	[lakseər·middəl]
Spiritus (m)	**spiritus**	[spiritus]
Heilkraut (n)	**geneeskragtige kruie**	[χeneəs·kraχtiχə krœiə]
Kräuter- (z.B. Kräutertee)	**kruie-**	[krœie-]

T&P BOOKS

WOHNUNG

T&P Books Publishing

Wohnung (f)	**woonstel**	[voəŋstəl]
Zimmer (n)	**kamer**	[kamər]
Schlafzimmer (n)	**slaapkamer**	[slāp·kamər]
Esszimmer (n)	**eetkamer**	[eet·kamər]
Wohnzimmer (n)	**sitkamer**	[sit·kamər]
Arbeitszimmer (n)	**studeerkamer**	[studeər·kamər]
Vorzimmer (n)	**ingangsportaal**	[inχaŋs·portāl]
Badezimmer (n)	**badkamer**	[bad·kamər]
Toilette (f)	**toilet**	[tojlet]
Decke (f)	**plafon**	[plafon]
Fußboden (m)	**vloer**	[flur]
Ecke (f)	**hoek**	[huk]

Möbel (n)	**meubels**	[møəbɛls]
Tisch (m)	**tafel**	[tafel]
Stuhl (m)	**stoel**	[stul]
Bett (n)	**bed**	[bet]
Sofa (n)	**rusbank**	[rusbank]
Sessel (m)	**gemakstoel**	[χemak·stul]
Bücherschrank (m)	**boekkas**	[buk·kas]
Regal (n)	**rak**	[rak]
Schrank (m)	**klerekas**	[klerə·kas]
Hakenleiste (f)	**kapstok**	[kapstok]
Kleiderständer (m)	**kapstok**	[kapstok]
Kommode (f)	**laaikas**	[lājkas]
Couchtisch (m)	**koffietafel**	[koffi·tafəl]
Spiegel (m)	**spieël**	[spiɛl]
Teppich (m)	**mat**	[mat]
Matte (kleiner Teppich)	**matjie**	[maki]
Kamin (m)	**vuurherd**	[fɪr·hert]
Kerze (f)	**kers**	[kers]
Kerzenleuchter (m)	**kandelaar**	[kandelār]
Vorhänge (pl)	**gordyne**	[χordajnə]

| Tapete (f) | muurpapier | [mɪr·papir] |
| Jalousie (f) | blindings | [blindiŋs] |

Tischlampe (f)	tafellamp	[tafel·lamp]
Leuchte (f)	muurlamp	[mɪr·lamp]
Stehlampe (f)	staanlamp	[stān·lamp]
Kronleuchter (m)	kroonlugter	[kroən·luχtər]

Bein (Tischbein usw.)	poot	[poət]
Armlehne (f)	armleuning	[arm·løəniŋ]
Lehne (f)	rugleuning	[ruχ·løəniŋ]
Schublade (f)	laai	[lāi]

70. Bettwäsche

Bettwäsche (f)	beddegoed	[beddə·χut]
Kissen (n)	kussing	[kussiŋ]
Kissenbezug (m)	kussingsloop	[kussiŋ·sloəp]
Bettdecke (f)	duvet	[dufet]
Laken (n)	laken	[laken]
Tagesdecke (f)	bedsprei	[bed·spræj]

71. Küche

Küche (f)	kombuis	[kombœis]
Gas (n)	gas	[χas]
Gasherd (m)	gasstoof	[χas·stoef]
Elektroherd (m)	elektriese stoof	[elektrisə stoef]
Backofen (m)	oond	[oent]
Mikrowellenherd (m)	mikrogolfoond	[mikroχolf·oent]

Kühlschrank (m)	yskas	[ajs·kas]
Tiefkühltruhe (f)	vrieskas	[friskas]
Geschirrspülmaschine (f)	skottelgoedwasser	[skottɛlχud·wassər]

Fleischwolf (m)	vleismeul	[flæjs·møəl]
Saftpresse (f)	versapper	[fersappər]
Toaster (m)	broodrooster	[broəd·roəstər]
Mixer (m)	menger	[menər]

Kaffeemaschine (f)	koffiemasjien	[koffi·maʃin]
Kaffeekanne (f)	koffiepot	[koffi·pot]
Kaffeemühle (f)	koffiemeul	[koffi·møəl]

Wasserkessel (m)	fluitketel	[flœit·kətəl]
Teekanne (f)	teepot	[teə·pot]
Deckel (m)	deksel	[deksəl]
Teesieb (n)	teesiffie	[teə·siffi]

Löffel (m)	lepel	[lepəl]
Teelöffel (m)	teelepeltjie	[teə·lepəlki]
Esslöffel (m)	soplepel	[sop·lepəl]
Gabel (f)	vurk	[furk]
Messer (n)	mes	[mes]

Geschirr (n)	tafelgerei	[tafel·χeræj]
Teller (m)	bord	[bort]
Untertasse (f)	piering	[piriŋ]

Schnapsglas (n)	likeurglas	[likøər·χlas]
Glas (n)	glas	[χlas]
Tasse (f)	koppie	[koppi]

Zuckerdose (f)	suikerpot	[sœikər·pot]
Salzstreuer (m)	soutvaatjie	[sæʊt·fāki]
Pfefferstreuer (m)	pepervaatjie	[pepər·fāki]
Butterdose (f)	botterbakkie	[bottər·bakki]

Kochtopf (m)	soppot	[sop·pot]
Pfanne (f)	braaipan	[brāj·pan]
Schöpflöffel (m)	opskeplepel	[opskep·lepəl]
Durchschlag (m)	vergiet	[ferχit]
Tablett (n)	skinkbord	[skink·bort]

Flasche (f)	bottel	[bottəl]
Glas (Einmachglas)	fles	[fles]
Dose (f)	blikkie	[blikki]

Flaschenöffner (m)	botteloopmaker	[bottəl·oəpmakər]
Dosenöffner (m)	blikoopmaker	[blik·oəpmakər]
Korkenzieher (m)	kurktrekker	[kurk·trɛkkər]
Filter (n)	filter	[filtər]
filtern (vt)	filter	[filtər]

| Müll (m) | vullis | [fullis] |
| Mülleimer, Treteimer (m) | vullisbak | [fullis·bak] |

72. Bad

Badezimmer (n)	badkamer	[bad·kamər]
Wasser (n)	water	[vatər]
Wasserhahn (m)	kraan	[krān]
Warmwasser (n)	warme water	[varmə vatər]
Kaltwasser (n)	koue water	[kæʊə vatər]

Zahnpasta (f)	tandepasta	[tandə·pasta]
Zähne putzen	tande borsel	[tandə borsəl]
Zahnbürste (f)	tandeborsel	[tandə·borsəl]
sich rasieren	skeer	[skeər]

156

Rasierschaum (m)	skeerroom	[skeər·roəm]
Rasierer (m)	skeermes	[skeər·mes]
waschen (vt)	was	[vas]
sich waschen	bad	[bat]
Dusche (f)	stort	[stort]
sich duschen	stort	[stort]
Badewanne (f)	bad	[bat]
Klosettbecken (n)	toilet	[tojlet]
Waschbecken (n)	wasbak	[vas·bak]
Seife (f)	seep	[seəp]
Seifenschale (f)	seepbakkie	[seəp·bakki]
Schwamm (m)	spons	[spɔŋs]
Shampoo (n)	sjampoe	[ʃampu]
Handtuch (n)	handdoek	[handduk]
Bademantel (m)	badjas	[batjas]
Wäsche (f)	was	[vas]
Waschmaschine (f)	wasmasjien	[vas·maʃin]
waschen (vt)	die wasgoed was	[di vasχut vas]
Waschpulver (n)	waspoeier	[vas·pujer]

73. Haushaltsgeräte

Fernseher (m)	TV-stel	[te·fe-stəl]
Tonbandgerät (n)	bandspeler	[band·spelər]
Videorekorder (m)	videomasjien	[video·maʃir]
Empfänger (m)	radio	[radio]
Player (m)	speler	[spelər]
Videoprojektor (m)	videoprojektor	[video·projektor]
Heimkino (n)	tuisfliek-teater	[tœis·flik·teatər]
DVD-Player (m)	DVD-speler	[de·fe·de-spelər]
Verstärker (m)	versterker	[fersterkər]
Spielkonsole (f)	videokonsole	[video·kɔŋsɔlə]
Videokamera (f)	videokamera	[video·kamera]
Kamera (f)	kamera	[kamera]
Digitalkamera (f)	digitale kamera	[diχitalə kamera]
Staubsauger (m)	stofsuier	[stof·sœiər]
Bügeleisen (n)	strykyster	[strajk·ajstər]
Bügelbrett (n)	strykplank	[strajk·planχ]
Telefon (n)	telefoon	[telefoən]
Mobiltelefon (n)	selfoon	[sɛlfoən]
Schreibmaschine (f)	tikmasjien	[tik·maʃin]

Nähmaschine (f)	**naaimasjien**	[naj·maʃin]
Mikrophon (n)	**mikrofoon**	[mikrofoən]
Kopfhörer (m)	**koptelefoon**	[kop·telefoən]
Fernbedienung (f)	**afstandsbeheer**	[afstands·beheər]
CD (f)	**CD**	[se·de]
Kassette (f)	**kasset**	[kasset]
Schallplatte (f)	**plaat**	[plāt]

T&P BOOKS

DIE ERDE. WETTER

T&P Books Publishing

74. Weltall

Kosmos (m)	**kosmos**	[kosmos]
kosmisch, Raum-	**kosmies**	[kosmis]
Weltraum (m)	**buitenste ruimte**	[bœitɛŋstə rajmtə]
All (n)	**wêreld**	[væːrɛlt]
Universum (n)	**heelal**	[heəlal]
Galaxie (f)	**sterrestelsel**	[sterrə·stɛlsəl]
Stern (m)	**ster**	[ster]
Gestirn (n)	**sterrebeeld**	[sterrə·beəlt]
Planet (m)	**planeet**	[planeət]
Satellit (m)	**satelliet**	[satɛllit]
Meteorit (m)	**meteoriet**	[meteorit]
Komet (m)	**komeet**	[komeət]
Asteroid (m)	**asteroïed**	[asteroïət]
Umlaufbahn (f)	**baan**	[bān]
sich drehen	**draai**	[drāi]
Atmosphäre (f)	**atmosfeer**	[atmosfeər]
Sonne (f)	**die Son**	[di son]
Sonnensystem (n)	**sonnestelsel**	[sonnə·stɛlsəl]
Sonnenfinsternis (f)	**sonsverduistering**	[soŋs·ferdœisteriŋ]
Erde (f)	**die Aarde**	[di ārdə]
Mond (m)	**die Maan**	[di mān]
Mars (m)	**Mars**	[mars]
Venus (f)	**Venus**	[fenus]
Jupiter (m)	**Jupiter**	[jupitər]
Saturn (m)	**Saturnus**	[saturnus]
Merkur (m)	**Mercurius**	[merkurius]
Uran (m)	**Uranus**	[uranus]
Neptun (m)	**Neptunus**	[neptunus]
Pluto (m)	**Pluto**	[pluto]
Milchstraße (f)	**Melkweg**	[melk·weχ]
Der Große Bär	**Groot Beer**	[χroət beər]
Polarstern (m)	**Poolster**	[poəl·stər]
Marsbewohner (m)	**marsbewoner**	[mars·bevonər]
Außerirdischer (m)	**buiteaardse wese**	[bœitə·ārdsə vesə]

außerirdisches Wesen (n)	ruimtewese	[rœimtə·vesə]
fliegende Untertasse (f)	vlieënde skottel	[fliɛndə skottəl]
Raumschiff (n)	ruimteskip	[rœimtə·skip]
Raumstation (f)	ruimtestasie	[rœimtə·stasi]
Raketenstart (m)	vertrek	[fertrek]
Triebwerk (n)	enjin	[ɛndʒin]
Düse (f)	uitlaatpyp	[œitlãt·pajp]
Treibstoff (m)	brandstof	[brantstof]
Kabine (f)	stuurkajuit	[stɪr·kajœit]
Antenne (f)	lugdraad	[luχdrãt]
Bullauge (n)	patryspoort	[patrajs·poert]
Sonnenbatterie (f)	sonpaneel	[son·paneəl]
Raumanzug (m)	ruimtepak	[rœimtə·pak]
Schwerelosigkeit (f)	gewig oosheid	[χeviχloəsh·æjt]
Sauerstoff (m)	suurstof	[sɪrstof]
Ankopplung (f)	koppeling	[koppeliŋ]
koppeln (vi)	koppel	[koppəl]
Observatorium (n)	observatorium	[observatorium]
Teleskop (n)	teleskoop	[teleskoəp]
beobachten (vt)	waarneem	[vãrneəm]
erforschen (vt)	eksploreer	[ɛksploreər]

75. Die Erde

Erde (f)	die Aarde	[di ãrdə]
Erdkugel (f)	die aardbol	[di ãrdbol]
Planet (m)	planeet	[planeət]
Atmosphäre (f)	atmosfeer	[atmosfeer]
Geographie (f)	geografie	[χeoχrafi]
Natur (f)	natuur	[natɪr]
Globus (m)	aardbol	[ãrd·bol]
Landkarte (f)	kaart	[kãrt]
Atlas (m)	atlas	[atlas]
Europa (n)	Europa	[øəropa]
Asien (n)	Asië	[asiɛ]
Afrika (n)	Afrika	[afrika]
Australien (n)	Australië	[ɔustraliɛ]
Amerika (n)	Amerika	[amerika]
Nordamerika (n)	Noord-Amerika	[noərd-amerika]
Südamerika (n)	Suid-Amerika	[sœid-amerika]

| Antarktis (f) | **Suidpool** | [sœid·poəl] |
| Arktis (f) | **Noordpool** | [noərd·poəl] |

76. Himmelsrichtungen

Norden (m)	**noorde**	[noərdə]
nach Norden	**na die noorde**	[na di noərdə]
im Norden	**in die noorde**	[in di noərdə]
nördlich	**noordelik**	[noərdəlik]

Süden (m)	**suide**	[sœidə]
nach Süden	**na die suide**	[na di sœidə]
im Süden	**in die suide**	[in di sœidə]
südlich	**suidelik**	[sœidəlik]

Westen (m)	**weste**	[vestə]
nach Westen	**na die weste**	[na di vestə]
im Westen	**in die weste**	[in di vestə]
westlich, West-	**westelik**	[vestelik]

Osten (m)	**ooste**	[oəstə]
nach Osten	**na die ooste**	[na di oəstə]
im Osten	**in die ooste**	[in di oəstə]
östlich	**oostelik**	[oəstəlik]

77. Meer. Ozean

Meer (n), See (f)	**see**	[seə]
Ozean (m)	**oseaan**	[oseãn]
Golf (m)	**golf**	[χolf]
Meerenge (f)	**straat**	[strãt]

| Festland (n) | **land** | [lant] |
| Kontinent (m) | **kontinent** | [kontinent] |

Insel (f)	**eiland**	[æjlant]
Halbinsel (f)	**skiereiland**	[skir·æjlant]
Archipel (m)	**argipel**	[arχipəl]

Bucht (f)	**baai**	[bãi]
Hafen (m)	**hawe**	[havə]
Lagune (f)	**strandmeer**	[strand·meər]
Kap (n)	**kaap**	[kãp]

Atoll (n)	**atol**	[atol]
Riff (n)	**rif**	[rif]
Koralle (f)	**koraal**	[korãl]
Korallenriff (n)	**koraalrif**	[korãl·rif]

tief (Adj)	diep	[dip]
Tiefe (f)	diepte	[diptə]
Abgrund (m)	afgrond	[afχront]
Graben (m)	trog	[troχ]

| Strom (m) | stroming | [stromiŋ] |
| umspülen (vt) | omring | [omriŋ] |

| Ufer (n) | oewer | [uvər] |
| Küste (f) | kus | [kus] |

Flut (f)	hoogwater	[hoəχ·vatər]
Ebbe (f)	laagwater	[lãχ·vatər]
Sandbank (f)	sandbank	[sand·bank]
Boden (m)	bodem	[bodem]

Welle (f)	golf	[χolf]
Wellenkamm (m)	kruin	[krœin]
Schaum (m)	skuim	[skœim]

Sturm (m)	storm	[storm]
Orkan (m)	orkaan	[orkãn]
Tsunami (m)	tsunami	[tsunami]
Windstille (f)	windstilte	[vindstiltə]
ruhig	kalm	[kalm]

| Pol (m) | pool | [poəl] |
| Polar- | polêr | [polær] |

Breite (f)	breedtegraad	[breədtə·χrãː]
Länge (f)	lengtegraad	[leŋtə·χrãt]
Breitenkreis (m)	parallel	[parallel]
Äquator (m)	ewenaar	[ɛvenãr]

Himmel (m)	hemel	[heməl]
Horizont (m)	horison	[horison]
Luft (f)	lug	[luχ]

Leuchtturm (m)	vuurtoring	[fɪrtoriŋ]
tauchen (vi)	duik	[dœik]
versinken (vi)	sink	[sink]
Schätze (pl)	skatte	[skattə]

78. Namen der Meere und Ozeane

Atlantischer Ozean (m)	Atlantiese oseaan	[atlantisə oseãn]
Indischer Ozean (m)	Indiese Oseaan	[indisə oseẽn]
Pazifischer Ozean (m)	Stille Cseaan	[stillə oseãn]
Arktischer Ozean (m)	Noordelike Yssee	[noərdelikə ajs·seə]
Schwarzes Meer (n)	Swart See	[swart seə]

Rotes Meer (n)	**Rooi See**	[roj seə]
Gelbes Meer (n)	**Geel See**	[χeəl seə]
Weißes Meer (n)	**Witsee**	[vit·seə]
Kaspisches Meer (n)	**Kaspiese See**	[kaspisə seə]
Totes Meer (n)	**Dooie See**	[doje seə]
Mittelmeer (n)	**Middellandse See**	[middəllandsə seə]
Ägäisches Meer (n)	**Egeïese See**	[εχejesə seə]
Adriatisches Meer (n)	**Adriatiese See**	[adriatisə seə]
Arabisches Meer (n)	**Arabiese See**	[arabisə seə]
Japanisches Meer (n)	**Japanse See**	[japaŋsə seə]
Beringmeer (n)	**Beringsee**	[beriŋ·seə]
Südchinesisches Meer (n)	**Suid-Sjinese See**	[sœid-ʃinesə seə]
Korallenmeer (n)	**Koraalsee**	[korãl·seə]
Tasmansee (f)	**Tasmansee**	[tasmaŋ·seə]
Karibisches Meer (n)	**Karibiese See**	[karibisə seə]
Barentssee (f)	**Barentssee**	[barents·seə]
Karasee (f)	**Karasee**	[kara·seə]
Nordsee (f)	**Noordsee**	[noərd·seə]
Ostsee (f)	**Baltiese See**	[baltisə seə]
Nordmeer (n)	**Noorse See**	[noərsə seə]

79. Berge

Berg (m)	**berg**	[berχ]
Gebirgskette (f)	**bergreeks**	[berχ·reəks]
Bergrücken (m)	**bergrug**	[berχ·ruχ]
Gipfel (m)	**top**	[top]
Spitze (f)	**piek**	[pik]
Bergfuß (m)	**voet**	[fut]
Abhang (m)	**helling**	[hɛlliŋ]
Vulkan (m)	**vulkaan**	[fulkãn]
tätiger Vulkan (m)	**aktiewe vulkaan**	[aktivə fulkãn]
schlafender Vulkan (m)	**rustende vulkaan**	[rustendə fulkãn]
Ausbruch (m)	**uitbarsting**	[œitbarstiŋ]
Krater (m)	**krater**	[kratər]
Magma (n)	**magma**	[maχma]
Lava (f)	**lawa**	[lava]
glühend heiß (-e Lava)	**gloeiende**	[χlujendə]
Cañon (m)	**diepkloof**	[dip·kloəf]
Schlucht (f)	**kloof**	[kloəf]

| Spalte (f) | skeur | [skøər] |
| Abgrund (m) (steiler ~) | afgrond | [afχront] |

Gebirgspass (m)	bergpas	[berχ·pas]
Plateau (n)	plato	[plato]
Fels (m)	krans	[kraŋs]
Hügel (m)	kop	[kop]

Gletscher (m)	gletser	[χletsər]
Wasserfall (m)	waterval	[vatər·fal]
Geiser (m)	geiser	[χæjsər]
See (m)	meer	[meər]

Ebene (f)	vlakte	[flaktə]
Landschaft (f)	landskap	[landskap]
Echo (n)	eggo	[εχχo]

Bergsteiger (m)	alpinis	[alpinis]
Kletterer (m)	bergklimmer	[berχ·klimmər]
bezwingen (vt)	baasraak	[bāsrāk]
Aufstieg (m)	beklimming	[beklimmiŋ]

80. Namen der Berge

Alpen (pl)	die Alpe	[di alpə]
Montblanc (m)	Mont Blanc	[mon blan]
Pyrenäen (pl)	die Pireneë	[di pirenɛɛ]

Karpaten (pl)	die Karpate	[di karpatə]
Uralgebirge (n)	die Oeralgebergte	[di ural·χəɔerχtə]
Kaukasus (m)	die Koukasus Gebergte	[di kæʊkasus χəberχtə]
Elbrus (m)	Elbroes	[εlbrus]

Altai (m)	die Altai-gebergte	[di altaj-χəberχtə]
Tian Shan (m)	die Tian Shan	[di tian ʃan]
Pamir (m)	die Pamir	[di pamir]
Himalaja (m)	die Himalajas	[di himalajas]
Everest (m)	Everest	[εverest]

| Anden (pl) | die Andes | [di andes] |
| Kilimandscharo (m) | Kilimanjaro | [kilimandʒaro] |

81. Flüsse

Fluss (m)	rivier	[rifir]
Quelle (f)	bron	[bron]
Flussbett (n)	rivierbed	[rifir·bet]
Stromgebiet (n)	stroomgebied	[stroəm·χebit]

einmünden in ...	uitmond in ...	[œitmont in ...]
Nebenfluss (m)	syrivier	[saj·rifir]
Ufer (n)	oewer	[uvər]

Strom (m)	stroming	[stromiŋ]
stromabwärts	stroomafwaarts	[stroəm·afvārts]
stromaufwärts	stroomopwaarts	[stroəm·opvārts]

Überschwemmung (f)	oorstroming	[oərstromiŋ]
Hochwasser (n)	oorstroming	[oərstromiŋ]
aus den Ufern treten	oor sy walle loop	[oər saj vallə loəp]
überfluten (vt)	oorstroom	[oərstroəm]

| Sandbank (f) | sandbank | [sand·bank] |
| Stromschnelle (f) | stroomversnellings | [stroəm·fersnɛlliŋs] |

Damm (m)	damwal	[dam·wal]
Kanal (m)	kanaal	[kanāl]
Stausee (m)	opgaardam	[opχār·dam]
Schleuse (f)	sluis	[slœis]

Gewässer (n)	dam	[dam]
Sumpf (m), Moor (n)	moeras	[muras]
Marsch (f)	vlei	[flæj]
Strudel (m)	draaikolk	[drāj·kolk]

Bach (m)	spruit	[sprœit]
Trink- (z.B. Trinkwasser)	drink-	[drink-]
Süß- (Wasser)	vars	[fars]

| Eis (n) | ys | [ajs] |
| zufrieren (vi) | bevries | [befris] |

82. Namen der Flüsse

| Seine (f) | Seine | [sæjn] |
| Loire (f) | Loire | [lua:r] |

Themse (f)	Teems	[tems]
Rhein (m)	Ryn	[rajn]
Donau (f)	Donau	[donɔu]

Wolga (f)	Wolga	[volga]
Don (m)	Don	[don]
Lena (f)	Lena	[lena]

Gelber Fluss (m)	Geel Rivier	[χeəl rifir]
Jangtse (m)	Blou Rivier	[blæʊ rifir]
Mekong (m)	Mekong	[mekoŋ]
Ganges (m)	Ganges	[χaŋəs]

Nil (m)	Nyl	[najl]
Kongo (m)	Kongorivier	[kongo·rifir]
Okavango (m)	Okavango	[okavango]
Sambesi (m)	Zambezi	[sambesi]
Limpopo (m)	Limpopo	[limpopo]
Mississippi (m)	Mississippi	[mississippī]

83. Wald

Wald (m)	bos	[bos]
Wald-	bos-	[bos-]
Dickicht (n)	woud	[væut]
Gehölz (n)	boord	[boərt]
Lichtung (f)	oopte	[oəptə]
Dickicht (n)	struikgewas	[strœik·χevas]
Gebüsch (n)	struikveld	[strœik·fɛlt]
Fußweg (m)	paadjie	[pãdʒi]
Erosionsrinne (f)	donga	[donχa]
Baum (m)	boom	[boəm]
Blatt (n)	blaar	[blãr]
Laub (n)	blare	[blarə]
Laubfall (m)	val van die blare	[fal fan di blarə]
fallen (Blätter)	val	[fal]
Wipfel (m)	boomtop	[boəm·top]
Zweig (m)	tak	[tak]
Ast (m)	tak	[tak]
Knospe (f)	knop	[knop]
Nadel (f)	naald	[nãlt]
Zapfen (m)	dennebol	[dɛnnə·bol]
Höhlung (f)	holte	[holtə]
Nest (n)	nes	[nes]
Höhle (f)	gat	[χat]
Stamm (m)	stam	[stam]
Wurzel (f)	wortel	[vortəl]
Rinde (f)	bas	[bas]
Moos (n)	mos	[mos]
entwurzeln (vt)	ontwortel	[ontwortəl]
fällen (vt)	omkap	[omkap]
abholzen (vt)	ontbos	[ontbos]
Baumstumpf (m)	boomstomp	[boəm·stomp]
Lagerfeuer (n)	kampvuur	[kampfɪr]

| Waldbrand (m) | bosbrand | [bos·brant] |
| löschen (vt) | blus | [blus] |

Förster (m)	boswagter	[bos·waχtər]
Schutz (m)	beskerming	[beskermiŋ]
beschützen (vt)	beskerm	[beskerm]
Wilddieb (m)	wildstroper	[vilt·stropər]
Falle (f)	slagyster	[slaχ·ajstər]

sammeln (Pilze ~)	pluk	[pluk]
pflücken (Beeren ~)	pluk	[pluk]
sich verirren	verdwaal	[ferdwāl]

84. natürliche Lebensgrundlagen

Naturressourcen (pl)	natuurlike bronne	[natɪrlikə bronnə]
Bodenschätze (pl)	minerale	[mineralə]
Vorkommen (n)	lae	[laə]
Feld (Ölfeld usw.)	veld	[fɛlt]

gewinnen (vt)	myn	[majn]
Gewinnung (f)	myn	[majn]
Erz (n)	erts	[ɛrts]
Bergwerk (n)	myn	[majn]
Schacht (m)	mynskag	[majn·skaχ]
Bergarbeiter (m)	mynwerker	[majn·werkər]

| Erdgas (n) | gas | [χas] |
| Gasleitung (f) | gaspyp | [χas·pajp] |

Erdöl (n)	olie	[oli]
Erdölleitung (f)	olipypleiding	[oli·pajp·læjdiŋ]
Ölquelle (f)	oliebron	[oli·bron]
Bohrturm (m)	boortoring	[boər·toriŋ]
Tanker (m)	tenkskip	[tɛnk·skip]

Sand (m)	sand	[sant]
Kalkstein (m)	kalksteen	[kalksteən]
Kies (m)	gruis	[χrœis]
Torf (m)	veengrond	[feənχront]
Ton (m)	klei	[klæj]
Kohle (f)	steenkool	[steən·koəl]

Eisen (n)	yster	[ajstər]
Gold (n)	goud	[χæʊt]
Silber (n)	silwer	[silwər]
Nickel (n)	nikkel	[nikkəl]
Kupfer (n)	koper	[kopər]
Zink (n)	sink	[sink]
Mangan (n)	mangaan	[manχān]

| Quecksilber (n) | kwik | [kwik] |
| Blei (n) | lood | [loət] |

Mineral (n)	mineraal	[minerāl]
Kristall (m)	kristal	[kristal]
Marmor (m)	marmer	[marmər]
Uran (n)	uraan	[urān]

85. Wetter

Wetter (n)	weer	[veer]
Wetterbericht (m)	weersvoorspelling	[veers·foersɔɛliŋ]
Temperatur (f)	temperatuur	[temperatɪr]
Thermometer (n)	termometer	[termometər]
Barometer (n)	barometer	[barometər]

| feucht | klam | [klam] |
| Feuchtigkeit (f) | vogtigheid | [foχtiχæjt] |

Hitze (f)	hitte	[hittə]
glutheiß	heet	[heet]
ist heiß	dis vrekwarm	[dis frekvarm]

| ist warm | dit is warm | [dit is varm˺ |
| warm (Adj) | louwarm | [læʊvarm] |

| ist kalt | dis koud | [dis kæʊt] |
| kalt (Adj) | koud | [kæʊt] |

Sonne (f)	son	[son]
scheinen (vi)	skyn	[skajn]
sonnig (Adj)	sonnig	[sonnəχ]
aufgehen (vi)	opkom	[opkom]
untergehen (vi)	ondergaan	[ondərχān]

Wolke (f)	wolk	[volk]
bewölkt, wolkig	bewolk	[bevolk]
Regenwolke (f)	reënwolk	[reɛn·wolk]
trüb (-er Tag)	somber	[sombər]

Regen (m)	reën	[reɛn]
Es regnet	dit reën	[dit reɛn]
regnerisch (-er Tag)	reënerig	[reɛnerəχ]
nieseln (vi)	motreën	[motreɛn]

strömender Regen (m)	stortbui	[stortbœi]
Regenschauer (m)	reënvlaag	[reɛn·flāχ]
stark (-er Regen)	swaar	[swār]
Pfütze (f)	poeletjie	[puləki]
nass werden (vi)	nat word	[nat vort]

Nebel (m)	mis	[mis]
neblig (-er Tag)	mistig	[mistəχ]
Schnee (m)	sneeu	[sniʊ]
Es schneit	dit sneeu	[dit sniʊ]

86. Unwetter Naturkatastrophen

Gewitter (n)	donderstorm	[dondər·storm]
Blitz (m)	weerlig	[veərləχ]
blitzen (vi)	flits	[flits]

Donner (m)	donder	[dondər]
donnern (vi)	donder	[dondər]
Es donnert	dit donder	[dit dondər]

| Hagel (m) | hael | [haəl] |
| Es hagelt | dit hael | [dit haəl] |

| überfluten (vt) | oorstroom | [oərstroəm] |
| Überschwemmung (f) | oorstroming | [oərstromiŋ] |

Erdbeben (n)	aardbewing	[ārd·beviŋ]
Erschütterung (f)	aardskok	[ārd·skok]
Epizentrum (n)	episentrum	[ɛpisentrum]

| Ausbruch (m) | uitbarsting | [œitbarstiŋ] |
| Lava (f) | lawa | [lava] |

Wirbelsturm (m)	tornado	[tornado]
Tornado (m)	tornado	[tornado]
Taifun (m)	tifoon	[tifoən]

Orkan (m)	orkaan	[orkān]
Sturm (m)	storm	[storm]
Tsunami (m)	tsunami	[tsunami]

Zyklon (m)	sikloon	[sikloən]
Unwetter (n)	slegte weer	[sleχtə veər]
Brand (m)	brand	[brant]
Katastrophe (f)	ramp	[ramp]
Meteorit (m)	meteoriet	[meteorit]

Lawine (f)	lawine	[lavinə]
Schneelawine (f)	sneeulawine	[sniʊ·lavinə]
Schneegestöber (n)	sneeustorm	[sniʊ·storm]
Schneesturm (m)	sneeustorm	[sniʊ·storm]

FAUNA

T&P Books Publishing

87. Säugetiere. Raubtiere

Raubtier (n)	**roofdier**	[roef·dir]
Tiger (m)	**tier**	[tir]
Löwe (m)	**leeu**	[liʋ]
Wolf (m)	**wolf**	[volf]
Fuchs (m)	**vos**	[fos]
Jaguar (m)	**jaguar**	[jaχuar]
Leopard (m)	**luiperd**	[lœipert]
Gepard (m)	**jagluiperd**	[jaχ·lœipert]
Panther (m)	**swart luiperd**	[swart lœipert]
Puma (m)	**poema**	[puma]
Schneeleopard (m)	**sneeuluiperd**	[sniʋ·lœipert]
Luchs (m)	**los**	[los]
Kojote (m)	**prêriewolf**	[præri·volf]
Schakal (m)	**jakkals**	[jakkals]
Hyäne (f)	**hiëna**	[hiɛna]

88. Tiere in freier Wildbahn

Tier (n)	**dier**	[dir]
Bestie (f)	**beest**	[beəst]
Eichhörnchen (n)	**eekhoring**	[eəkhoriŋ]
Igel (m)	**krimpvarkie**	[krimpfarki]
Hase (m)	**hasie**	[hasi]
Kaninchen (n)	**konyn**	[konajn]
Dachs (m)	**das**	[das]
Waschbär (m)	**wasbeer**	[vasbeər]
Hamster (m)	**hamster**	[hamstər]
Murmeltier (n)	**marmot**	[marmot]
Maulwurf (m)	**mol**	[mol]
Maus (f)	**muis**	[mœis]
Ratte (f)	**rot**	[rot]
Fledermaus (f)	**vlermuis**	[fler·mœis]
Hermelin (n)	**hermelyn**	[hermәlajn]
Zobel (m)	**sabel, sabeldier**	[sabәl], [sabәl·dir]
Marder (m)	**marter**	[martәr]

Wiesel (n)	wesel	[vesəl]
Nerz (m)	nerts	[nerts]
Biber (m)	bewer	[bevər]
Fischotter (m)	otter	[ottər]
Pferd (n)	perd	[pert]
Elch (m)	eland	[ɛlant]
Hirsch (m)	hert	[hert]
Kamel (n)	kameel	[kameəl]
Bison (m)	bison	[bison]
Wisent (m)	wisent	[visent]
Büffel (m)	buffel	[buffəl]
Zebra (n)	sebra, kwagga	[sebra], [kwaχχa]
Antilope (f)	wildsbok	[vilds·bok]
Reh (n)	reebok	[reəbok]
Damhirsch (m)	damhert	[damhert]
Gämse (f)	gems	[χems]
Wildschwein (n)	wildevark	[vildə·fark]
Wal (m)	walvis	[valfis]
Seehund (m)	seehond	[seə·hont]
Walroß (n)	walrus	[valrus]
Seebär (m)	seebeer	[seə·beər]
Delfin (m)	dolfyn	[dolfajn]
Bär (m)	beer	[beər]
Eisbär (m)	ysbeer	[ajs·beər]
Panda (m)	panda	[panda]
Affe (m)	aap	[āp]
Schimpanse (m)	sjimpansee	[ʃimpaŋsee]
Orang-Utan (m)	orangoetang	[oranχutaŋ]
Gorilla (m)	gorilla	[χorilla]
Makak (m)	makaak	[makāk]
Gibbon (m)	gibbon	[χibbon]
Elefant (m)	olifant	[olifant]
Nashorn (n)	renoster	[renostər]
Giraffe (f)	kameelperd	[kameəl·pert]
Flusspferd (n)	seekoei	[seə·kui]
Känguru (n)	kangaroe	[kanχaru]
Koala (m)	koala	[koala]
Manguste (f)	muishond	[mœis·hort]
Chinchilla (n)	chinchilla, tjintjilla	[tʃin·tʃila]
Stinktier (n)	stinkmuishond	[stinkmœis·hont]
Stachelschwein (n)	ystervark	[ajstər·fark]

89. Haustiere

Katze (f)	**kat**	[kat]
Kater (m)	**kater**	[katər]
Hund (m)	**hond**	[hont]
Pferd (n)	**perd**	[pert]
Hengst (m)	**hings**	[hiŋs]
Stute (f)	**merrie**	[merri]
Kuh (f)	**koei**	[kui]
Stier (m)	**bul**	[bul]
Ochse (m)	**os**	[os]
Schaf (n)	**skaap**	[skāp]
Widder (m)	**ram**	[ram]
Ziege (f)	**bok**	[bok]
Ziegenbock (m)	**bokram**	[bok·ram]
Esel (m)	**donkie, esel**	[donki], [eisəl]
Maultier (n)	**muil**	[mœil]
Schwein (n)	**vark**	[fark]
Ferkel (n)	**varkie**	[farki]
Kaninchen (n)	**konyn**	[konajn]
Huhn (n)	**hoender, hen**	[hundər], [hen]
Hahn (m)	**haan**	[hān]
Ente (f)	**eend**	[eent]
Enterich (m)	**mannetjieseend**	[mannəkis·eent]
Gans (f)	**gans**	[ɣaŋs]
Puter (m)	**kalkoenmannetjie**	[kalkun·mannəki]
Pute (f)	**kalkoen**	[kalkun]
Haustiere (pl)	**huisdiere**	[hœis·dirə]
zahm	**mak**	[mak]
zähmen (vt)	**mak maak**	[mak māk]
züchten (vt)	**teel**	[teəl]
Farm (f)	**plaas**	[plās]
Geflügel (n)	**pluimvee**	[plœimfeə]
Vieh (n)	**beeste**	[beəstə]
Herde (f)	**kudde**	[kuddə]
Pferdestall (m)	**stal**	[stal]
Schweinestall (m)	**varkstal**	[fark·stal]
Kuhstall (m)	**koeistal**	[kui·stal]
Kaninchenstall (m)	**konynehok**	[konajnə·hok]
Hühnerstall (m)	**hoenderhok**	[hundər·hok]

90. Vögel

Vogel (m)	voël	[foɛl]
Taube (f)	duif	[dœif]
Spatz (m)	mossie	[mossi]
Meise (f)	mees	[meəs]
Elster (f)	ekster	[ɛkstər]
Rabe (m)	raaf	[rãf]
Krähe (f)	kraai	[krãi]
Dohle (f)	kerkkraai	[kerk·krãi]
Saatkrähe (f)	roek	[ruk]
Ente (f)	eend	[eent]
Gans (f)	gans	[χaŋs]
Fasan (m)	fisant	[fisant]
Adler (m)	arend	[arɛnt]
Habicht (m)	sperwer	[sperwər]
Falke (m)	valk	[falk]
Greif (m)	aasvoël	[ãsfoɛl]
Kondor (m)	kondor	[kondor]
Schwan (m)	swaan	[swãn]
Kranich (m)	kraanvoël	[krãn·foɛl]
Storch (m)	ooievaar	[ojefãr]
Papagei (m)	papegaai	[papəχãi]
Kolibri (m)	kolibrie	[kolibri]
Pfau (m)	pou	[pæʊ]
Strauß (m)	volstruis	[folstrœis]
Reiher (m)	reier	[ræjer]
Flamingo (m)	flamink	[flamink]
Pelikan (m)	pelikaan	[pelikãn]
Nachtigall (f)	nagtegaal	[naχteχãl]
Schwalbe (f)	swael	[swaəl]
Drossel (f)	lyster	[lajstər]
Singdrossel (f)	sanglyster	[saŋlajstər]
Amsel (f)	merel	[merəl]
Segler (m)	windswael	[vindswaəl]
Lerche (f)	lewerik	[leverik]
Wachtel (f)	kwartel	[kwartəl]
Specht (m)	speg	[speχ]
Kuckuck (m)	koekoek	[kukuk]
Eule (f)	uil	[œil]
Uhu (m)	ooruil	[oərœil]

Auerhahn (m)	**auerhoen**	[ɔuer·hun]
Birkhahn (m)	**korhoen**	[korhun]
Rebhuhn (n)	**patrys**	[patrajs]
Star (m)	**spreeu**	[spriʊ]
Kanarienvogel (m)	**kanarie**	[kanari]
Haselhuhn (n)	**bonasa hoen**	[bonasa hun]
Buchfink (m)	**gryskoppie**	[χrajskoppi]
Gimpel (m)	**bloedvink**	[bludfink]
Möwe (f)	**seemeeu**	[seəmiʊ]
Albatros (m)	**albatros**	[albatros]
Pinguin (m)	**pikkewyn**	[pikkəvajn]

91. Fische. Meerestiere

Brachse (f)	**brasem**	[brasem]
Karpfen (m)	**karp**	[karp]
Barsch (m)	**baars**	[bārs]
Wels (m)	**katvis, seebaber**	[katfis], [see·babər]
Hecht (m)	**snoek**	[snuk]
Lachs (m)	**salm**	[salm]
Stör (m)	**steur**	[støər]
Hering (m)	**haring**	[harin]
atlantische Lachs (m)	**atlantiese salm**	[atlantisə salm]
Makrele (f)	**makriel**	[makril]
Scholle (f)	**platvis**	[platfis]
Zander (m)	**varswatersnoek**	[farswatər·snuk]
Dorsch (m)	**kabeljou**	[kabeljæʊ]
Tunfisch (m)	**tuna**	[tuna]
Forelle (f)	**forel**	[forəl]
Aal (m)	**paling**	[palin]
Zitterrochen (m)	**drilvis**	[drilfis]
Muräne (f)	**bontpaling**	[bontpalin]
Piranha (m)	**piranha**	[piranha]
Hai (m)	**haai**	[hāi]
Delfin (m)	**dolfyn**	[dolfajn]
Wal (m)	**walvis**	[valfis]
Krabbe (f)	**krap**	[krap]
Meduse (f)	**jellievis**	[jelli·fis]
Krake (m)	**seekat**	[see·kat]
Seestern (m)	**seester**	[see·stər]
Seeigel (m)	**see-egel, seekastaiing**	[see·eχel], [see·kastajin]

Seepferdchen (n)	**seeperdjie**	[see·perdʒi]
Auster (f)	**oester**	[ustər]
Garnele (f)	**garnaa**	[χarnāl]
Hummer (m)	**kreef**	[kreəf]
Languste (f)	**seekreef**	[see·kreəf]

92. Amphibien Reptilien

Schlange (f)	**slang**	[slaŋ]
Gift-, giftig	**giftig**	[χiftəχ]
Viper (f)	**adder**	[addər]
Kobra (f)	**kobra**	[kobra]
Python (m)	**luislang**	[lœislaŋ]
Boa (f)	**boa, konstriktorslang**	[boa], [koŋstriktor·slaŋ]
Ringelnatter (f)	**ringslang**	[riŋ·slaŋ]
Klapperschlange (f)	**ratelslang**	[ratəl·slaŋ]
Anakonda (f)	**anakonda**	[anakonda]
Eidechse (f)	**akkedis**	[akkedis]
Leguan (m)	**leguaan**	[leχuān]
Waran (m)	**likkewaan**	[likkevān]
Salamander (m)	**salamander**	[salamandər]
Chamäleon (n)	**verkleurmannetjie**	[ferkløər·manneki]
Skorpion (m)	**skerpioen**	[skerpiun]
Schildkröte (f)	**skilpad**	[skilpat]
Frosch (m)	**padda**	[padda]
Kröte (f)	**brulpadda**	[brul·padda]
Krokodil (n)	**krokodil**	[krokodil]

93. Insekten

Insekt (n)	**insek**	[insek]
Schmetterling (m)	**skoenlapper**	[skunlappər]
Ameise (f)	**mier**	[mir]
Fliege (f)	**vlieg**	[fliχ]
Mücke (f)	**muskiet**	[muskit]
Käfer (m)	**kewer**	[kevər]
Wespe (f)	**perdeby**	[perde·baj]
Biene (f)	**by**	[baj]
Hummel (f)	**hommelby**	[homməl·baj]
Bremse (f)	**perdevlieg**	[perde·fliχ]
Spinne (f)	**spinnekop**	[spinnə·kop]
Spinnennetz (n)	**spinnerak**	[spinnə·rak]

Libelle (f)	naaldekoker	[nāldə·kokər]
Grashüpfer (m)	sprinkaan	[sprinkān]
Schmetterling (m)	mot	[mot]
Schabe (f)	kakkerlak	[kakkerlak]
Zecke (f)	bosluis	[boslœis]
Floh (m)	vlooi	[floj]
Kriebelmücke (f)	muggie	[muχχi]
Heuschrecke (f)	treksprinkhaan	[trek·sprinkhān]
Schnecke (f)	slak	[slak]
Heimchen (n)	kriek	[krik]
Leuchtkäfer (m)	vuurvliegie	[fɪrfliχi]
Marienkäfer (m)	lieweheersbesie	[liveheers·besi]
Maikäfer (m)	lentekewer	[lentekevər]
Blutegel (m)	bloedsuier	[blud·sœiər]
Raupe (f)	ruspe	[ruspə]
Wurm (m)	erdwurm	[ɛrd·vurm]
Larve (f)	larwe	[larvə]

FLORA

T&P Books Publishing

Baum (m)	**boom**	[boəm]
Laub-	**bladwisselend**	[bladwisselent]
Nadel-	**kegeldraend**	[keχɛldraent]
immergrün	**immergroen**	[immərχrun]
Apfelbaum (m)	**appelboom**	[appɛl·boəm]
Birnbaum (m)	**peerboom**	[peər·boəm]
Kirschbaum (m)	**kersieboom**	[kersi·boəm]
Süßkirschbaum (m)	**soetkersieboom**	[sutkersi·boəm]
Sauerkirschbaum (m)	**suurkersieboom**	[sɪrkersi·boəm]
Pflaumenbaum (m)	**pruimeboom**	[prœimə·boəm]
Birke (f)	**berk**	[berk]
Eiche (f)	**eik**	[æjk]
Linde (f)	**lindeboom**	[lində·boəm]
Espe (f)	**trilpopulier**	[trilpopulir]
Ahorn (m)	**esdoring**	[ɛsdoriŋ]
Fichte (f)	**spar**	[spar]
Kiefer (f)	**denneboom**	[dɛnnə·boəm]
Lärche (f)	**lorkeboom**	[lorkə·boəm]
Tanne (f)	**den**	[den]
Zeder (f)	**seder**	[sedər]
Pappel (f)	**populier**	[populir]
Vogelbeerbaum (m)	**lysterbessie**	[lajstərbɛssi]
Weide (f)	**wilger**	[vilχər]
Erle (f)	**els**	[ɛls]
Buche (f)	**beuk**	[bøək]
Ulme (f)	**olm**	[olm]
Esche (f)	**esboom**	[ɛs·boəm]
Kastanie (f)	**kastaiing**	[kastajiŋ]
Magnolie (f)	**magnolia**	[maχnolia]
Palme (f)	**palm**	[palm]
Zypresse (f)	**sipres**	[sipres]
Mangrovenbaum (m)	**wortelboom**	[vortəl·boəm]
Baobab (m)	**kremetart**	[kremetart]
Eukalyptus (m)	**bloekom**	[blukom]
Mammutbaum (m)	**mammoetboom**	[mammut·boəm]

95. Büsche

Strauch (m)	struik	[strœik]
Gebüsch (n)	bossie	[bossi]
Weinstock (m)	wingerdstok	[viŋərd·stok]
Weinberg (m)	wingerd	[viŋərt]
Himbeerstrauch (m)	framboosstruik	[framboəs·strœik]
schwarze Johannisbeere (f)	swartbessiestruik	[swartbɛssi·strœik]
rote Johannisbeere (f)	rooi aalbessiestruik	[roj ālbɛssi·strœik]
Stachelbeerstrauch (m)	appelliefiestruik	[appɛllifi·strœik]
Akazie (f)	akasia	[akasia]
Berberitze (f)	suurbessie	[sɪr·bɛssi]
Jasmin (m)	jasmyn	[jasmajn]
Wacholder (m)	jenewer	[jenevər]
Rosenstrauch (m)	roosstruik	[roəs·strœik]
Heckenrose (f)	hondsroos	[honds·roəs]

96. Obst. Beeren

Frucht (f)	vrug	[fruχ]
Früchte (pl)	vrugte	[fruχtə]
Apfel (m)	appel	[appəl]
Birne (f)	peer	[peər]
Pflaume (f)	pruim	[prœim]
Erdbeere (f)	aarbei	[ārbæj]
Kirsche (f)	kersie	[kersi]
Sauerkirsche (f)	suurkersie	[sɪr·kersi]
Süßkirsche (f)	soetkersie	[sut·kersi]
Weintrauben (pl)	druif	[drœif]
Himbeere (f)	framboos	[framboəs]
schwarze Johannisbeere (f)	swartbessie	[swartbɛssi]
rote Johannisbeere (f)	rooi aalbessie	[roj ālbɛssi]
Stachelbeere (f)	appelliefie	[appɛllifi]
Moosbeere (f)	bosbessie	[bosbɛssi]
Apfelsine (f)	lemoen	[lemun]
Mandarine (f)	nartjie	[narki]
Ananas (f)	pynappel	[pajnappəl]
Banane (f)	piesang	[pisaŋ]
Dattel (f)	dadel	[dadəl]

Zitrone (f)	suurlemoen	[sɪr·lemun]
Aprikose (f)	appelkoos	[appɛlkoəs]
Pfirsich (m)	perske	[perskə]
Kiwi (f)	kiwi, kiwivrug	[kivi], [kivi·fruχ]
Grapefruit (f)	pomelo	[pomelo]

Beere (f)	bessie	[bɛssi]
Beeren (pl)	bessies	[bɛssis]
Preiselbeere (f)	pryselbessie	[prajsɛlbɛssi]
Walderdbeere (f)	wilde aarbei	[vildə ārbæj]
Heidelbeere (f)	bloubessie	[blæʊbɛssi]

97. Blumen. Pflanzen

Blume (f)	blom	[blom]
Blumenstrauß (m)	boeket	[buket]

Rose (f)	roos	[roəs]
Tulpe (f)	tulp	[tulp]
Nelke (f)	angelier	[anχəlir]
Gladiole (f)	swaardlelie	[swārd·leli]

Kornblume (f)	koringblom	[koriŋblom]
Glockenblume (f)	grasklokkie	[χras·klokki]
Löwenzahn (m)	perdeblom	[perdə·blom]
Kamille (f)	kamille	[kamillə]

Aloe (f)	aalwyn	[ālwajn]
Kaktus (m)	kaktus	[kaktus]
Gummibaum (m)	rubberplant	[rubbər·plant]

Lilie (f)	lelie	[leli]
Geranie (f)	malva	[malfa]
Hyazinthe (f)	hiasint	[hiasint]

Mimose (f)	mimosa	[mimosa]
Narzisse (f)	narsing	[narsiŋ]
Kapuzinerkresse (f)	kappertjie	[kapperki]

Orchidee (f)	orgidee	[orχideə]
Pfingstrose (f)	pinksterroos	[pinkstər·roəs]
Veilchen (n)	viooltjie	[fioəlki]

Stiefmütterchen (n)	gesiggie	[χesiχi]
Vergissmeinnicht (n)	vergeet-my-nietjie	[ferχeət-maj-niki]
Gänseblümchen (n)	madeliefie	[madelifi]

Mohn (m)	papawer	[papavər]
Hanf (m)	hennep	[hɛnnəp]
Minze (f)	kruisement	[krœisəment]

Maiglöckchen (n)	**dallelie**	[dalleli]
Schneeglöckchen (n)	**sneeuklokkie**	[sniʊ·klokki]
Brennnessel (f)	**brandnetel**	[brant·netəl]
Sauerampfer (m)	**veldsuring**	[fɛltsuriŋ]
Seerose (f)	**waterlelie**	[vatər·leli]
Farn (m)	**varing**	[fariŋ]
Flechte (f)	**korsmos**	[korsmos]
Gewächshaus (n)	**broeikas**	[bruikas]
Rasen (m)	**grasperk**	[χras·perk]
Blumenbeet (n)	**blombed**	[blom·bet]
Pflanze (f)	**plant**	[plant]
Gras (n)	**gras**	[χras]
Grashalm (m)	**grasspriet**	[χras·sprit]
Blatt (n)	**blaar**	[blãr]
Blütenblatt (n)	**kroonblaar**	[kroen·blãr]
Stiel (m)	**stingel**	[stiŋəl]
Knolle (f)	**knol**	[knol]
Jungpflanze (f)	**saailing**	[sãjliŋ]
Dorn (m)	**doring**	[doriŋ]
blühen (vi)	**bloei**	[blui]
welken (vi)	**verlep**	[ferlep]
Geruch (m)	**reuk**	[røək]
abschneiden (vt)	**sny**	[snaj]
pflücken (vt)	**pluk**	[pluk]

98. Getreide, Körner

Getreide (n)	**graan**	[χrãn]
Getreidepflanzen (pl)	**graangewasse**	[χrãn·χəwassə]
Ähre (f)	**aar**	[ãr]
Weizen (m)	**koring**	[koriŋ]
Roggen (m)	**rog**	[roχ]
Hafer (m)	**hawer**	[havər]
Hirse (f)	**gierst**	[χirst]
Gerste (f)	**gars**	[χars]
Mais (m)	**mielie**	[mili]
Reis (m)	**rys**	[rajs]
Buchweizen (m)	**bokwiet**	[bokwit]
Erbse (f)	**ertjie**	[ɛrki]
weiße Bohne (f)	**nierboon**	[nir·boən]
Sojabohne (f)	**soja**	[soja]

| Linse (f) | **lensie** | [lɛŋsi] |
| Bohnen (pl) | **boontjies** | [boənkis] |

T&P BOOKS

LÄNDER DER WELT

T&P Books Publishing

Afghanistan	**Afghanistan**	[afχanistan]
Ägypten	**Egipte**	[εχiptə]
Albanien	**Albanië**	[albaniε]
Argentinien	**Argentinië**	[arχentiniε]
Armenien	**Armenië**	[armeniε]
Aserbaidschan	**Azerbeidjan**	[azerbæjdjan]
Australien	**Australië**	[ɔustraliε]
Bangladesch	**Bangladesj**	[bangladeʃ]
Belgien	**België**	[belχiε]
Bolivien	**Bolivië**	[boliviε]
Bosnien und Herzegowina	**Bosnië & Herzegowina**	[bosniε en hersegovina]
Brasilien	**Brasilië**	[brasiliε]
Bulgarien	**Bulgarye**	[bulχaraje]
Chile	**Chili**	[tʃili]
China	**Sjina**	[ʃina]
Dänemark	**Denemarke**	[denemarkə]
Deutschland	**Duitsland**	[dœitslant]
Die Bahamas	**die Bahamas**	[di bahamas]
Die Vereinigten Staaten	**Verenigde State van Amerika**	[ferenixdə statə fan amerika]
Dominikanische Republik	**Dominikaanse Republiek**	[dominikāŋsə republik]
Ecuador	**Ecuador**	[εkuador]
England	**Engeland**	[εŋəlant]
Estland	**Estland**	[εstlant]
Finnland	**Finland**	[finlant]
Frankreich	**Frankryk**	[frankrajk]
Französisch-Polynesien	**Frans-Polinesië**	[fraŋs-polinesiε]
Georgien	**Georgië**	[χeorχiε]
Ghana	**Ghana**	[χana]
Griechenland	**Griekeland**	[χrikəlant]
Großbritannien	**Groot-Brittanje**	[χroət-brittanje]
Haiti	**Haïti**	[haïti]
Indien	**Indië**	[indiε]
Indonesien	**Indonesië**	[indonesiε]
Irak	**Irak**	[irak]
Iran	**Iran**	[iran]
Irland	**Ierland**	[irlant]
Island	**Ysland**	[ajslant]
Israel	**Israel**	[israəl]
Italien	**Italië**	[italiε]

100. Länder. Teil 2

Jamaika	Jamaika	[jamajka]
Japan	Japan	[japan]
Jordanien	Jordanië	[jordaniɛ]
Kambodscha	Kambodja	[kambodja]
Kanada	Kanada	[kanada]
Kasachstan	Kazakstan	[kasakstan]
Kenia	Kenia	[kenia]
Kirgisien	Kirgisië	[kirχisiɛ]
Kolumbien	Colomb a, Kolombië	[kolombia], [kolombiɛ]
Kroatien	Kroasië	[kroasiɛ]
Kuba	Kuba	[kuba]
Kuwait	Kuwait	[kuvajt]
Laos	Laos	[laos]
Lettland	Letland	[letlant]
Libanon (m)	Libanon	[libanon]
Libyen	Libië	[libiɛ]
Liechtenstein	Lichtenstein	[liχtɛŋstejn]
Litauen	Litoue	[litæʋə]
Luxemburg	Luksemburg	[luksemburχ]
Madagaskar	Madagaskar	[madaχaskər]
Makedonien	Masedonië	[masedoniɛ]
Malaysia	Maleisië	[malæjsiɛ]
Malta	Malta	[malta]
Marokko	Marokko	[marokko]
Mexiko	Meksiko	[meksiko]
Moldawien	Moldawië	[moldaviɛ]
Monaco	Monako	[monako]
Mongolei (f)	Mongolië	[monχoliɛ]
Montenegro	Montenegro	[montənegro]
Myanmar	Myanmar	[mjanmar]
Namibia	Namibië	[namibiɛ]
Nepal	Nepal	[nepal]
Neuseeland	Nieu-Seeland	[niu-seəlant]
Niederlande (f)	Nederland	[nedərlant]
Nordkorea	Noord-Korea	[noərd-korea]
Norwegen	Noorweë	[noərweɛ]
Österreich	Oostenryk	[oəstenrajk]

101. Länder. Teil 3

Pakistan	Pakistan	[pakistan]
Palästina	Palestina	[palestinɛ]
Panama	Panama	[panama]

Paraguay	Paraguay	[paragwaj]
Peru	Peru	[peru]
Polen	Pole	[polə]
Portugal	Portugal	[portuχal]

Republik Südafrika	Suid-Afrika	[sœid-afrika]
Rumänien	Roemenië	[rumeniɛ]
Russland	Rusland	[ruslant]

Sansibar	Zanzibar	[zanzibar]
Saudi-Arabien	Saoedi-Arabië	[saudi-arabiɛ]
Schottland	Skotland	[skotlant]
Schweden	Swede	[swedə]
Schweiz (f)	Switserland	[switsərlant]
Senegal	Senegal	[seneχal]
Serbien	Serwië	[serwiɛ]
Slowakei (f)	Slowakye	[slovakaje]
Slowenien	Slovenië	[slofeniɛ]
Spanien	Spanje	[spanje]
Südkorea	Suid-Korea	[sœid-korea]
Suriname	Suriname	[surinamə]
Syrien	Sirië	[siriɛ]

Tadschikistan	Tadjikistan	[tadʒikistan]
Taiwan	Taiwan	[tajvan]
Tansania	Tanzanië	[tansaniɛ]
Tasmanien	Tasmanië	[tasmaniɛ]
Thailand	Thailand	[tajlant]
Tschechien	Tjeggië	[tʃeχiɛ]
Tunesien	Tunisië	[tunisiɛ]
Türkei (f)	Turkye	[turkaje]
Turkmenistan	Turkmenistan	[turkmenistan]

Ukraine (f)	Oekraïne	[ukraïnə]
Ungarn	Hongarye	[honχaraje]
Uruguay	Uruguay	[urugwaj]
Usbekistan	Oezbekistan	[uzbekistan]

Vatikan (m)	Vatikaan	[fatikān]
Venezuela	Venezuela	[fenesuela]
Vereinigten Arabischen Emirate	Verenigde Arabiese Emirate	[fereniχdə arabisə emiratə]
Vietnam	Viëtnam	[viɛtnam]
Weißrussland	Belarus	[belarus]
Zypern	Ciprus	[siprus]

GASTRONOMISCHES WÖRTERBUCH

Dieser Teil beinhaltet viele Wörter und Begriffe im Zusammenhang mit Lebensmitteln.
Dieses Wörterbuch wird es einfacher für Sie machen, um das Menü in einem Restaurant zu verstehen und die richtige Speise zu wählen

T&P Books Publishing

Deutsch-Afrikaans gastronomisches wörterbuch

Ähre (f)	aar	[ãr]
Aal (m)	paling	[paliŋ]
Abendessen (n)	aandete	[ãndetə]
alkoholfrei	nie-alkoholies	[ni-alkoholis]
alkoholfreies Getränk (n)	koeldrank	[kul·drank]
Ananas (f)	pynappel	[pajnappəl]
Anis (m)	anys	[anajs]
Aperitif (m)	drankie	[dranki]
Apfel (m)	appel	[appəl]
Apfelsine (f)	lemoen	[lemun]
Appetit (m)	aptyt	[aptajt]
Aprikose (f)	appelkoos	[appɛlkoəs]
Artischocke (f)	artisjok	[artiʃok]
atlantische Lachs (m)	atlantiese salm	[atlantisə salm]
Aubergine (f)	eiervrug	[æjerfruχ]
Auster (f)	oester	[ustər]
Avocado (f)	avokado	[afokado]
Banane (f)	piesang	[pisaŋ]
Bar (f)	kroeg	[kruχ]
Barmixer (m)	kroegman	[kruχman]
Barsch (m)	baars	[bãrs]
Basilikum (n)	basilikum	[basilikum]
Beefsteak (n)	biefstuk	[bifstuk]
Beere (f)	bessie	[bɛssi]
Beeren (pl)	bessies	[bɛssis]
Beigeschmack (m)	nasmaak	[nasmãk]
Beilage (f)	sygereg	[saj·χerəχ]
belegtes Brot (n)	toebroodjie	[tubroədʒi]
Bier (n)	bier	[bir]
Birkenpilz (m)	berkboleet	[berk·boleət]
Birne (f)	peer	[peər]
bitter	bitter	[bittər]
Blumenkohl (m)	blomkool	[blom·koəl]
Bohnen (pl)	boontjies	[boənkis]
Bonbon (m, n)	lekkers	[lɛkkərs]
Brühe (f), Bouillon (f)	helder sop	[hɛldər sop]
Brachse (f)	brasem	[brasem]
Brei (m)	pap	[pap]
Brokkoli (m)	broccoli	[brokoli]
Brombeere (f)	braambessie	[brãmbɛssi]
Brot (n)	brood	[broət]
Buchweizen (m)	bokwiet	[bokwit]
Butter (f)	botter	[bottər]
Buttercreme (f)	crème	[krɛm]

Cappuccino (m)	capuccino	[kaputʃino]
Champagner (m)	sjampanje	[ʃampanje]
Cocktail (m)	menge drankie	[menχəl·dranki]
Dattel (f)	dadel	[dadəl]
Diät (f)	dieet	[diət]
Dill (m)	dille	[dillə]
Dorsch (m)	kabeljou	[kabeljæʊ]
Dosenöffner (m)	blikoopmaker	[blik·oəpmakər]
Dunkelbier (n)	donker bier	[donkər bir]
Ei (n)	eier	[æjer]
Eier (pl)	eiers	[æjers]
Eigelb (n)	dooier	[dojer]
Eis (n)	ys	[ajs]
Eis (n)	roomys	[roəm·ajs]
Eiweiß (n)	eierwit	[æjer·wit]
Ente (f)	eend	[eent]
Erbse (f)	ertjie	[ɛrki]
Erdbeere (f)	aarbei	[ārbæj]
Erdnuss (f)	grondboontjie	[χront·boənki]
Erfrischungsgetränk (n)	verfrissende drank	[ferfrissendə drank]
essbarer Pilz (m)	eetbare paddastoel	[eetbarə paddastul]
Essen (n)	kos	[kos]
Essig (m)	asyn	[asajn]
Esslöffel (m)	soplepel	[sop·lepəl]
Füllung (f)	vulsel	[fulsəl]
Feige (f)	vy	[faj]
Fett (n)	vette	[fɛttə]
Fisch (m)	vis	[fis]
Flaschenöffner (m)	botteloopmaker	[bottəl·oəpmakər]
Fleisch (n)	vleis	[flæjs]
Fliegenpilz (m)	vlieëswam	[fliɛ·swam]
Forelle (f)	forel	[forəl]
Früchte (pl)	vrugte	[fruχtə]
Frühstück (n)	ontbyt	[ontbajt]
frisch gepresster Saft (m)	vars geparste sap	[fars χeparstə sap]
Frucht (f)	vrugte	[fruχtə]
Gabel (f)	vurk	[furk]
Gans (f)	gans	[χaŋs]
Garnele (f)	garnaal	[χarnāl]
gebraten	gebak	[χebak]
gekocht	gekook	[χekoək]
Gemüse (n)	groente	[χruntə]
geräuchert	gerook	[χeroək]
Gericht (n)	gereg	[χerəχ]
Gerste (f)	gars	[χars]
Geschmack (m)	smaak	[smāk]
Getreide (n)	graan	[χrān]
Getreidepflanzen (pl)	graangewasse	[χrān·χəwassə]
getrocknet	gedroog	[χedroəχ]
Gewürz (n)	smaakmiddel	[smāk·middəl]
Gewürz (n)	spesery	[speseraj]
Giftpilz (m)	giftige paddastoel	[χiftiχə paddastul]

Gin (m)	jenever	[jenefər]
Grüner Knollenblätterpilz (m)	duiwelsbrood	[dœivɛls·broət]
grüner Tee (m)	groen tee	[ҳrun teə]
grünes Gemüse (pl)	groente	[ҳruntə]
Grütze (f)	ontbytgraan	[ontbajt·ҳrān]
Granatapfel (m)	granaat	[ҳranāt]
Grapefruit (f)	pomelo	[pomelo]
Gurke (f)	komkommer	[komkommər]
Guten Appetit!	Smaaklike ete!	[smāklikə etə!]
Hühnerfleisch (n)	hoender	[hundər]
Hackfleisch (n)	maalvleis	[māl·flæjs]
Hafer (m)	hawer	[havər]
Hai (m)	haai	[hāi]
Hamburger (m)	hamburger	[hamburҳər]
Hammelfleisch (n)	lamsvleis	[lams·flæjs]
Haselnuss (f)	haselneut	[hasɛl·nøət]
Hecht (m)	varswatersnoek	[farswatər·snuk]
heiß	warm	[varm]
Heidelbeere (f)	bosbessie	[bosbɛssi]
Heilbutt (m)	heilbot	[hæjlbot]
Helles (n)	ligte bier	[liҳtə bir]
Hering (m)	haring	[hariŋ]
Himbeere (f)	framboos	[framboəs]
Hirse (f)	gierst	[ҳirst]
Honig (m)	heuning	[høəniŋ]
Ingwer (m)	gemmer	[ҳɛmmər]
Joghurt (m, f)	jogurt	[joҳurt]
Käse (m)	kaas	[kās]
Küche (f)	kookkuns	[koək·kuns]
Kümmel (m)	komynsaad	[komajnsāt]
Kürbis (m)	pampoen	[pampun]
Kaffee (m)	koffie	[koffi]
Kalbfleisch (n)	kalfsvleis	[kalfs·flæjs]
Kalmar (m)	pylinkvis	[pajl·inkfis]
Kalorie (f)	kalorie	[kalori]
kalt	koud	[kæʊt]
Kaninchenfleisch (n)	konynvleis	[konajn·flæjs]
Karotte (f)	wortel	[vortəl]
Karpfen (m)	karp	[karp]
Kartoffel (f)	aartappel	[ārtappəl]
Kartoffelpüree (n)	kapokaartappels	[kapok·ārtappəls]
Kaugummi (m, n)	kougom	[kæʊҳom]
Kaviar (m)	kaviaar	[kafiār]
Keks (m, n)	koekies	[kukis]
Kellner (m)	kelner	[kɛlnər]
Kellnerin (f)	kelnerin	[kɛlnərin]
Kiwi, Kiwifrucht (f)	kiwi, kiwivrug	[kivi], [kivi·fruҳ]
Knoblauch (m)	knoffel	[knoffəl]
Kognak (m)	brandewyn	[brandə·vajn]
Kohl (m)	kool	[koəl]
Kohlenhydrat (n)	koolhidrate	[koəlhidratə]

Kokosnuss (f)	klapper	[klappər]
Kondensmilch (f)	kondensmelk	[kondɛŋs·melk]
Konditorwaren (pl)	soet gebak	[sut χebak]
Konfitüre (f)	konfyt	[konfajt]
Konserven (pl)	blikkieskos	[blikkis·kos]
Kopf Salat (m)	slaai	[slāi]
Koriander (m)	koljander	[koljandər]
Korkenzieher (m)	kurktrekker	[kurk·trɛkkər]
Krümel (m)	krummel	[krummәl]
Krabbe (f)	krab	[krap]
Krebstiere (pl)	skaaldiere	[skāldirә]
Kuchen (m)	koek	[kuk]
Kuchen (m)	pastei	[pastæj]
Löffel (m)	lepel	[lepәl]
Lachs (m)	salm	[salm]
Languste (f)	seekreef	[see·kreәf]
Leber (f)	lewer	[levәr]
lecker	smaaklik	[smāklik]
Likör (m)	likeur	[likøør]
Limonade (f)	limonade	[limonadә]
Linse (f)	lensie	[lɛŋsi]
Lorbeerblatt (n)	lourierblaar	[læʊrir·blā·]
Mais (m)	mielie	[mili]
Mais (m)	mielie	[mili]
Maisflocken (pl)	mielievlokkies	[mili·flokkis]
Makrele (f)	makriel	[makril]
Mandarine (f)	nartjie	[narki]
Mandel (f)	amandel	[amandәl]
Mango (f)	mango	[manχo]
Margarine (f)	margarien	[marχarin]
mariniert	gepiekel	[χepikәl]
Marmelade (f)	konfyt	[konfajt]
Marmelade (f)	marmelade	[marmeladә]
Mayonnaise (f)	mayonnaise	[majonɛs]
Meeresfrüchte (pl)	seekos	[see·kos]
Meerrettich (m)	peperwortel	[peper·wortәl]
Mehl (n)	meelblom	[meәl·blcm]
Melone (f)	spanspek	[spaŋspɛk]
Messer (n)	mes	[mes]
Milch (f)	melk	[melk]
Milchcocktail (m)	melkskommel	[melk·skommәl]
Milchkaffee (m)	koffie met melk	[koffi met melk]
Mineralwasser (n)	mineraalwater	[minerāl·vatәr]
mit Eis	met ys	[met ajs]
mit Gas	bru-	[brœis-]
mit Kohlensäure	soda-	[soda-]
Mittagessen (n)	middagete	[middaχ·etә]
Moosbeere (f)	bosbessie	[bosbɛssi]
Morchel (f)	morielje	[morilje]
Nachtisch (m)	nagereg	[naχerәχ]
Nelke (f)	naeltjies	[naɛlkis]
Nudeln (pl)	noedels	[nudɛls]

Oliven (pl)	olywe	[olajvə]
Olivenöl (n)	olyfolie	[olajf·oli]
Omelett (n)	omelet	[oməlet]
Orangensaft (m)	lemoensap	[lemoən·sap]
Papaya (f)	papaja	[papaja]
Paprika (m)	paprika	[paprika]
Paprika (m)	paprika	[paprika]
Pastete (f)	patee	[pateə]
Petersilie (f)	pietersielie	[pitərsili]
Pfifferling (m)	dooierswam	[dojer·swam]
Pfirsich (m)	perske	[perskə]
Pflanzenöl (n)	plantaardige olie	[plantãrdixə oli]
Pflaume (f)	pruim	[prœim]
Pilz (m)	paddastoel	[paddastul]
Pistazien (pl)	pistachio	[pistatʃio]
Pizza (f)	pizza	[pizza]
Portion (f)	porsie	[porsi]
Preiselbeere (f)	pryselbessie	[prajsɛlbɛssi]
Protein (n)	proteïen	[proteïen]
Pudding (m)	poeding	[pudiŋ]
Pulverkaffee (m)	poeierkoffie	[pujer·koffi]
Pute (f)	kalkoen	[kalkun]
Räucherschinken (m)	gerookte ham	[xeroəktə ham]
Rübe (f)	raap	[rãp]
Radieschen (n)	radys	[radajs]
Rechnung (f)	rekening	[rekəniŋ]
Reis (m)	rys	[rajs]
Rezept (n)	resep	[resep]
Rindfleisch (n)	beesvleis	[beəs·flæjs]
Roggen (m)	rog	[rox]
Rosenkohl (m)	Brusselspruite	[brussɛl·sprœitə]
Rosinen (pl)	rosyntjie	[rosajnki]
Rote Bete (f)	beet	[beet]
rote Johannisbeere (f)	rooi aalbessie	[roj ãlbɛssi]
roter Pfeffer (m)	rooi peper	[roj pepər]
Rotkappe (f)	rooihoed	[rojhut]
Rotwein (m)	rooiwyn	[roj·vajn]
Rum (m)	rum	[rum]
süß	soet	[sut]
Süßkirsche (f)	soetkersie	[sut·kersi]
Safran (m)	saffraan	[saffrãn]
Saft (m)	sap	[sap]
Sahne (f)	room	[roəm]
Salat (m)	slaai	[slãi]
Salz (n)	sout	[sæʊt]
salzig	sout	[sæʊt]
Sardine (f)	sardyn	[sardajn]
Sauerkirsche (f)	suurkersie	[sɪr·kersi]
saure Sahne (f)	suurroom	[sɪr·roəm]
Schale (f)	skil	[skil]
Scheibchen (n)	snytjie	[snajki]
Schinken (m)	ham	[ham]

Schinkenspeck (m)	spek	[spek]
Schokolade (f)	sjokolade	[ʃokoladə]
Schokoladen-	sjokolade	[ʃokoladə]
Scholle (f)	platvis	[platfis]
schwarze Johannisbeere (f)	swartbessie	[swartbɛssi]
schwarzer Kaffee (m)	swart koffie	[swart koffi]
schwarzer Pfeffer (m)	swart peper	[swart pepər]
schwarzer Tee (m)	swart tee	[swart teə]
Schweinefleisch (n)	varkvleis	[fark·flæjs]
Sellerie (m)	seldery	[seldəraj]
Senf (m)	mosterd	[mostert]
Sesam (m)	sesamsaad	[sesam·sāt]
Soße (f)	sous	[sæʊs]
Sojabohne (f)	soja	[soja]
Sonnenblumenöl (n)	sonblomolie	[sonblom·oli]
Spaghetti (pl)	spaghetti	[spaχɛtti]
Spargel (m)	aspersie	[aspersi]
Speisekarte (f)	spyskaart	[spajs·kārt]
Spiegelei (n)	gabakte eiers	[χabaktə æjers]
Spinat (m)	spinasie	[spinasi]
Spirituosen (pl)	likeure	[likøərə]
Störfleisch (n)	steur	[støər]
Stück (n)	stuk	[stuk]
Stachelbeere (f)	appeliefie	[appɛllifi]
Steinpilz (m)	Eetbare boleet	[eetbarə boleət]
still	sonder gas	[sondər χas]
Suppe (f)	sop	[sop]
Täubling (m)	russula	[russula]
Tasse (f)	koppie	[koppi]
Tee (m)	tee	[teə]
Teelöffel (m)	teeepeltjie	[teə·lepəlki]
Teigwaren (pl)	pasta	[pasta]
Teller (m)	bord	[bort]
tiefgekühlt	gevries	[χefris]
Tomate (f)	tamatie	[tamati]
Tomatensaft (m)	tamatiesap	[tamati·sap]
Torte (f)	koek	[kuk]
Trinkgeld (n)	fooitjie	[fojki]
Trinkwasser (n)	drinkwater	[drink·vatər]
Tunfisch (m)	tuna	[tuna]
Untertasse (f)	piering	[piriŋ]
Vegetarier (m)	vegetariër	[feχetariɛr]
vegetarisch	vegetaries	[feχetaris]
Vitamin (n)	vitamien	[fitamin]
Vorspeise (f)	voorgereg	[foərχərəχ]
Würstchen (n)	Weense worsie	[veɛŋsə vorsi]
Waffeln (pl)	wafels	[vafɛls]
Walderdbeere (f)	wilde aarbei	[vildə ārbæj]
Walnuss (f)	okkerneut	[okkər·nøət]
Wasser (n)	water	[vatər]
Wasserglas (n)	glas	[χlas]

Wassermelone (f)	**waatlemoen**	[vãtlemun]
weiße Bohne (f)	**nierboontjie**	[nir·boənki]
Weißwein (m)	**witwyn**	[vit·vajn]
Wein (m)	**wyn**	[vajn]
Weinglas (n)	**wynglas**	[vajn·χlas]
Weinkarte (f)	**wyn**	[vajn]
Weintrauben (pl)	**druif**	[drœif]
Weizen (m)	**koring**	[koriŋ]
Wels (m)	**katvis, seebaber**	[katfis], [see·babər]
Wermut (m)	**vermoet**	[fermut]
Whisky (m)	**whisky**	[vhiskaj]
Wild (n)	**wild**	[vilt]
Wodka (m)	**vodka**	[fodka]
Wurst (f)	**wors**	[vors]
Zahnstocher (m)	**tandestokkie**	[tandə·stokki]
Zander (m)	**varswatersnoek**	[farswatər·snuk]
Zimt (m)	**kaneel**	[kaneəl]
Zitrone (f)	**suurlemoen**	[sɪr·lemun]
Zucchini (f)	**vingerskorsie**	[fiŋər·skorsi]
Zucker (m)	**suiker**	[sœikər]
Zunge (f)	**tong**	[toŋ]
Zwiebel (f)	**ui**	[œi]

Afrikaans-Deutsch gastronomisches wörterbuch

aandete	[āndɛtə]	Abendessen (n)
aar	[ār]	Ähre (f)
aarbei	[ārbæ]	Erdbeere (f)
aartappel	[ārtapɔəl]	Kartoffel (f)
amandel	[amardəl]	Mandel (f)
anys	[anajs]	Anis (m)
appel	[appə]	Apfel (m)
appelkoos	[appɛkoəs]	Aprikose (f)
appelliefie	[appɛlifi]	Stachelbeere (f)
aptyt	[aptajt]	Appetit (m)
artisjok	[artiʃɔk]	Artischocke (f)
aspersie	[aspɛrsi]	Spargel (m)
asyn	[asajn]	Essig (m)
atlantiese salm	[atləntisə salm]	atlantische Lachs (m)
avokado	[afoɕado]	Avocado (f)
baars	[bārs]	Barsch (m)
basilikum	[basilikum]	Basilikum (n)
beesvleis	[beəsˈflæjs]	Rindfleisch (n)
beet	[beət]	Rote Bete (f)
berkboleet	[berk·boleət]	Birkenpilz (m)
bessie	[bɛssi]	Beere (f)
bessies	[bɛssis]	Beeren (pl)
biefstuk	[bifstuk]	Beefsteak (n)
bier	[bir]	Bier (n)
bitter	[bittər]	bitter
blikkieskos	[blikkis·kos]	Konserven (pl)
blikoopmaker	[blik·oəpmakər]	Dosenöfner (m)
blomkool	[blɔm·koəl]	Blumenkohl (m)
bokwiet	[boɕwit]	Buchweizen (m)
boontjies	[boənkis]	Bohnen (pl)
bord	[bort]	Teller (m)
bosbessie	[bosbɛssi]	Heidelbeere (f)
bosbessie	[bɔsbɛssi]	Moosbeere (f)
botteloopmaker	[bɔttəl·oəpmakər]	Flaschenöffner (m)
botter	[bɔttər]	Butter (f)
braambessie	[brāmbɛssi]	Brombeere (f)
brandewyn	[brandə·vajn]	Kognak (m)
brasem	[brasem]	Brachse (f)
broccoli	[brokoli]	Brokkoli (m)
brood	[broət]	Brot (n)
bruis-	[brœis-]	mit Gas
Brusselspruite	[brussɛl·sproɛitə]	Rosenkohl (m)
capuccino	[kaputʃino]	Cappuccino (m)
crème	[krɛm]	Buttercreme (f)

dadel	[dadəl]	Dattel (f)
dieet	[diət]	Diät (f)
dille	[dillə]	Dill (m)
donker bier	[donkər bir]	Dunkelbier (n)
dooier	[dojer]	Eigelb (n)
dooierswam	[dojer·swam]	Pfifferling (m)
drankie	[dranki]	Aperitif (m)
drinkwater	[drink·vatər]	Trinkwasser (n)
druif	[drœif]	Weintrauben (pl)
duiwelsbrood	[dœivɛls·broət]	Grüner Knollenblätterpilz (m)
eend	[eent]	Ente (f)
Eetbare boleet	[eetbarə boleət]	Steinpilz (m)
eetbare paddastoel	[eetbarə paddastul]	essbarer Pilz (m)
eier	[æjer]	Ei (n)
eiers	[æjers]	Eier (pl)
eiervrug	[æjerfruχ]	Aubergine (f)
eierwit	[æjer·wit]	Eiweiß (n)
ertjie	[ɛrki]	Erbse (f)
fooitjie	[fojki]	Trinkgeld (n)
forel	[forəl]	Forelle (f)
framboos	[framboəs]	Himbeere (f)
gabakte eiers	[χabaktə æjers]	Spiegelei (n)
gans	[χaŋs]	Gans (f)
garnaal	[χarnāl]	Garnele (f)
gars	[χars]	Gerste (f)
gebak	[χebak]	gebraten
gedroog	[χedroəχ]	getrocknet
gekook	[χekoək]	gekocht
gemmer	[χɛmmər]	Ingwer (m)
gepiekel	[χepikəl]	mariniert
gereg	[χerəχ]	Gericht (n)
gerook	[χeroək]	geräuchert
gerookte ham	[χeroəktə ham]	Räucherschinken (m)
gevries	[χefris]	tiefgekühlt
gierst	[χirst]	Hirse (f)
giftige paddastoel	[χiftiχə paddastul]	Giftpilz (m)
glas	[χlas]	Wasserglas (n)
graan	[χrān]	Getreide (n)
graangewasse	[χrān·χəwassə]	Getreidepflanzen (pl)
granaat	[χranāt]	Granatapfel (m)
groen tee	[χrun teə]	grüner Tee (m)
groente	[χruntə]	Gemüse (n)
groente	[χruntə]	grünes Gemüse (pl)
grondboontjie	[χront·boənki]	Erdnuss (f)
haai	[hāi]	Hai (m)
ham	[ham]	Schinken (m)
hamburger	[hamburχər]	Hamburger (m)
haring	[hariŋ]	Hering (m)
haselneut	[hasɛl·nøət]	Haselnuss (f)
hawer	[havər]	Hafer (m)
heilbot	[hæjlbot]	Heilbutt (m)

helder sop	[hɛldər sop]	Brühe (f), Bouillon (f)
heuning	[høəniŋ]	Honig (m)
hoender	[hundər]	Hühnerfleisch (n)
jenever	[jenefər]	Gin (m)
jogurt	[joχurt]	Joghurt (m, f)
kaas	[kãs]	Käse (m)
kabeljou	[kabeljəʊ]	Dorsch (m)
kalfsvleis	[kalfs·fæjs]	Kalbfleisch (r.)
kalkoen	[kalkun]	Pute (f)
kalorie	[kalori]	Kalorie (f)
kaneel	[kaneəl]	Zimt (m)
kapokaartappels	[kapok·ãrtappəls]	Kartoffelpüree (n)
karp	[karp]	Karpfen (m)
katvis, seebaber	[katfis] [seə·babər]	Wels (m)
kaviaar	[kafiãr]	Kaviar (m)
kelner	[kɛlnɛr]	Kellner (m)
kelnerin	[kɛlnɛrin]	Kellnerin (f)
kiwi, kiwivrug	[kivi], [kivi·fruχ]	Kiwi, Kiwifrucht (f)
klapper	[klappər]	Kokosnuss (f)
knoffel	[knofəl]	Knoblauch (m)
koek	[kuk]	Kuchen (m)
koek	[kuk]	Torte (f)
koekies	[kukis]	Keks (m, n)
koeldrank	[kul·d·ank]	alkoholfreies Getränk (n)
koffie	[koffi]	Kaffee (m)
koffie met melk	[koffi met melk]	Milchkaffee (m)
koljander	[koljəndər]	Koriander (m)
komkommer	[kom·kommər]	Gurke (f)
komynsaad	[komajnsãt]	Kümmel (m)
kondensmelk	[kon·dɛŋs·melk]	Kondensmilch (f)
konfyt	[konfajt]	Marmelade (f)
konfyt	[konfajt]	Konfitüre (f)
konynvleis	[konajn·flæjs]	Kaninchenfleisch (n)
kookkuns	[koək·kuns]	Küche (f)
kool	[koəl]	Kohl (m)
koolhidrate	[koəlhidratə]	Kohlenhydrat (n)
koppie	[koppi]	Tasse (f)
koring	[korin]	Weizen (m)
kos	[kos]	Essen (n)
koud	[kæʊt]	kalt
kougom	[kæʊχom]	Kaugummi (m, n)
krab	[krap]	Krabbe (f)
kroeg	[kruχ]	Bar (f)
kroegman	[kruχman]	Barmixer (m)
krummel	[krumməl]	Krümel (m)
kurktrekker	[kurk·trɛkkər]	Korkenzieher (m)
lamsvleis	[lams·flæjs]	Hammelfleisch (n)
lekkers	[lɛkkərs]	Bonbon (m, n)
lemoen	[ləmun]	Apfelsine (f)
lemoensap	[ləmoən·sap]	Orangensaft (m)
lensie	[ləŋsi]	Linse (f)
lepel	[lepəl]	Löffel (m)

lewer	[levər]	Leber (f)
ligte bier	[liχtə bir]	Helles (n)
likeur	[likøer]	Likör (m)
likeure	[likøerə]	Spirituosen (pl)
limonade	[limonadə]	Limonade (f)
lourierblaar	[læurir·blãr]	Lorbeerblatt (n)
maalvleis	[mãl·flæjs]	Hackfleisch (n)
makriel	[makril]	Makrele (f)
mango	[manχo]	Mango (f)
margarien	[marχarin]	Margarine (f)
marmelade	[marmeladə]	Marmelade (f)
mayonnaise	[majonɛs]	Mayonnaise (f)
meelblom	[meəl·blom]	Mehl (n)
melk	[melk]	Milch (f)
melkskommel	[melk·skomməl]	Milchcocktail (m)
mengeldrankie	[menχəl·dranki]	Cocktail (m)
mes	[mes]	Messer (n)
met ys	[met ajs]	mit Eis
middagete	[middaχ·etə]	Mittagessen (n)
mielie	[mili]	Mais (m)
mielie	[mili]	Mais (m)
mielievlokkies	[mili·flokkis]	Maisflocken (pl)
mineraalwater	[minerãl·vatər]	Mineralwasser (n)
morielje	[morilje]	Morchel (f)
mosterd	[mostert]	Senf (m)
naeltjies	[naɛlkis]	Nelke (f)
nagereg	[naχerəχ]	Nachtisch (m)
nartjie	[narki]	Mandarine (f)
nasmaak	[nasmãk]	Beigeschmack (m)
nie-alkoholies	[ni-alkoholis]	alkoholfrei
nierboontjie	[nir·boənki]	weiße Bohne (f)
noedels	[nudɛls]	Nudeln (pl)
oester	[ustər]	Auster (f)
okkerneut	[okkər·nøət]	Walnuss (f)
olyfolie	[olajf·oli]	Olivenöl (n)
olywe	[olajvə]	Oliven (pl)
omelet	[omələt]	Omelett (n)
ontbyt	[ontbajt]	Frühstück (n)
ontbytgraan	[ontbajt·χrãn]	Grütze (f)
paddastoel	[paddastul]	Pilz (m)
paling	[paliŋ]	Aal (m)
pampoen	[pampun]	Kürbis (m)
pap	[pap]	Brei (m)
papaja	[papaja]	Papaya (f)
paprika	[paprika]	Paprika (m)
paprika	[paprika]	Paprika (m)
pasta	[pasta]	Teigwaren (pl)
pastei	[pastæj]	Kuchen (m)
patee	[pateə]	Pastete (f)
peer	[peər]	Birne (f)
peperwortel	[peper·wortəl]	Meerrettich (m)
perske	[perskə]	Pfirsich (m)

piering	[piriŋ]	Untertasse (f)
piesang	[pisaŋ]	Banane (f)
pietersielie	[pitərsili]	Petersilie (f)
pistachio	[pistatʃio]	Pistazien (pl)
pizza	[pizza]	Pizza (f)
plantaardige olie	[plantārdixə oli]	Pflanzenöl (n)
platvis	[platfis]	Scholle (f)
poeding	[pudiŋ]	Pudding (m)
poeierkoffie	[pujer koffi]	Pulverkaffee (m)
pomelo	[pomelo]	Grapefruit (f)
porsie	[porsi]	Portion (f)
proteïen	[proteïən]	Protein (n)
pruim	[prœim]	Pflaume (f)
pryselbessie	[prajsɛlbɛssi]	Preiselbeere (f)
pylinkvis	[pajl·ir kfis]	Kalmar (m)
pynappel	[pajn appəl]	Ananas (f)
raap	[rāp]	Rübe (f)
radys	[radɛjs]	Radieschen (n)
rekening	[rekɛniŋ]	Rechnung (f)
resep	[resɛp]	Rezept (n)
rog	[roχ]	Roggen (m)
rooi aalbessie	[roj ālbɛssi]	rote Johannisbeere (f)
rooi peper	[roj pəpər]	roter Pfeffer (m)
rooihoed	[rojhut]	Rotkappe (f)
rooiwyn	[roj·vəjn]	Rotwein (m)
room	[roəm]	Sahne (f)
roomys	[roəm·ajs]	Eis (n)
rosyntjie	[rosɛjnki]	Rosinen (pl)
rum	[rum]	Rum (m)
russula	[russula]	Täubling (m)
rys	[rajs]	Reis (m)
saffraan	[safrān]	Safran (m)
salm	[sa m]	Lachs (m)
sap	[sap]	Saft (m)
sardyn	[sardajn]	Sardine (f)
seekos	[see·kos]	Meeresfrüchte (pl)
seekreef	[seə·kreəf]	Languste (f)
seldery	[sɛlderaj]	Sellerie (m)
sesamsaad	[sesam·sāt]	Sesam (m)
sjampanje	[ʃampanje]	Champagner (m)
sjokolade	[ʃokolade]	Schokolade (f)
sjokolade	[ʃokolade]	Schokoladen-
skaaldiere	[skāldirə]	Krebstiere (pl)
skil	[skil]	Schale (f)
slaai	[s āi]	Kopf Salat (m)
slaai	[slāi]	Salat (m)
smaak	[smāk]	Geschmack (m)
smaaklik	[smāklik]	lecker
Smaaklike ete!	[smāklike ete!]	Guten Appetit!
smaakmiddel	[smāk·middəl]	Gewürz (n)
snytjie	[snajki]	Scheibchen (n)
soda-	[sɔda-]	mit Kohlensäure

soet	[sut]	süß
soet gebak	[sut χebak]	Konditorwaren (pl)
soetkersie	[sut·kersi]	Süßkirsche (f)
soja	[soja]	Sojabohne (f)
sonblomolie	[sonblom·oli]	Sonnenblumenöl (n)
sonder gas	[sondər χas]	still
sop	[sop]	Suppe (f)
soplepel	[sop·lepəl]	Esslöffel (m)
sous	[sæʊs]	Soße (f)
sout	[sæʊt]	Salz (n)
sout	[sæʊt]	salzig
spaghetti	[spaχɛtti]	Spaghetti (pl)
spanspek	[spaŋspek]	Melone (f)
spek	[spek]	Schinkenspeck (m)
spesery	[spesəraj]	Gewürz (n)
spinasie	[spinasi]	Spinat (m)
spyskaart	[spajs·kärt]	Speisekarte (f)
steur	[støər]	Störfleisch (n)
stuk	[stuk]	Stück (n)
suiker	[sœikər]	Zucker (m)
suurkersie	[sɪr·kersi]	Sauerkirsche (f)
suurlemoen	[sɪr·lemun]	Zitrone (f)
suurroom	[sɪr·roəm]	saure Sahne (f)
swart koffie	[swart koffi]	schwarzer Kaffee (m)
swart peper	[swart pepər]	schwarzer Pfeffer (m)
swart tee	[swart teə]	schwarzer Tee (m)
swartbessie	[swartbɛssi]	schwarze Johannisbeere (f)
sygereg	[saj·χerəχ]	Beilage (f)
tamatie	[tamati]	Tomate (f)
tamatiesap	[tamati·sap]	Tomatensaft (m)
tandestokkie	[tandə·stokki]	Zahnstocher (m)
tee	[teə]	Tee (m)
teelepeltjie	[teə·lepəlki]	Teelöffel (m)
toebroodjie	[tubroədʒi]	belegtes Brot (n)
tong	[toŋ]	Zunge (f)
tuna	[tuna]	Tunfisch (m)
ui	[œi]	Zwiebel (f)
varkvleis	[fark·flæjs]	Schweinefleisch (n)
vars geparste sap	[fars χeparstə sap]	frisch gepresster Saft (m)
varswatersnoek	[farswatər·snuk]	Hecht (m)
varswatersnoek	[farswatər·snuk]	Zander (m)
vegetariër	[feχetariɛr]	Vegetarier (m)
vegetaries	[feχetaris]	vegetarisch
verfrissende drank	[ferfrissendə drank]	Erfrischungsgetränk (n)
vermoet	[fermut]	Wermut (m)
vette	[fɛttə]	Fett (n)
vingerskorsie	[fiŋər·skorsi]	Zucchini (f)
vis	[fis]	Fisch (m)
vitamien	[fitamin]	Vitamin (n)
vleis	[flæjs]	Fleisch (n)
vlieëswam	[fliɛ·swam]	Fliegenpilz (m)

vodka	[fodka]	Wodka (m)
voorgereg	[foərχerəχ]	Vorspeise (f)
vrugte	[fruχtə]	Frucht (f)
vrugte	[fruχtə]	Früchte (pl)
vulsel	[fulsəl]	Füllung (f)
vurk	[furk]	Gabel (f)
vy	[faj]	Feige (f)
waatlemoen	[vātlenrun]	Wassermelone (f)
wafels	[vafɛls]	Waffeln (pl)
warm	[varm]	heiß
water	[vatər]	Wasser (n)
Weense worsie	[veɛŋsə vorsi]	Würstchen (n)
whisky	[vhiskaj]	Whisky (m)
wild	[vilt]	Wild (n)
wilde aarbei	[vildɛ ārbæj]	Walderdbeere (f)
witwyn	[vit·vɛjn]	Weißwein (m)
wors	[vorɛ]	Wurst (f)
wortel	[vortɛl]	Karotte (f)
wyn	[vajn]	Wein (m)
wyn	[vajn]	Weinkarte (f)
wynglas	[vajn χlas]	Weinglas (n)
ys	[ajs]	Eis (n)